C.H.BECK ◼ WISSEN

in der Beck'schen Reihe

Nach seiner totalen militärischen Niederlage mußte das Deutsche Reich 1919 den Vertrag von Versailles unterzeichnen, der für die Deutschen in der Zwischenkriegszeit zum großen Trauma wurde und bis heute als eine der Ursachen für den späteren Aufstieg des Nationalsozialismus bezeichnet wird. Wie es zur Kriegsniederlage kam, wie aus den Verhandlungen zwischen den Siegermächten die drakonischen Vertragsbedingungen hervorgingen und wie Deutschland zur Annahme des Friedensvertrags veranlaßt wurde, schildert und analysiert Eberhard Kolb in seiner ebenso konzisen wie kenntnisreichen Darstellung.

Eberhard Kolb war bis zu seiner Emeritierung Professor für Geschichte an der Universität zu Köln. Bei C. H. Beck ist von ihm erschienen: *Gustav Stresemann* (2003).

Eberhard Kolb

DER FRIEDEN VON VERSAILLES

Verlag C. H. Beck

Mit 3 Abbildungen und 3 Karten

Originalausgabe
© Verlag C.H. Beck oHG, München 2005
Gesamtherstellung: Druckerei C.H. Beck, Nördlingen
Umschlagentwurf: Uwe Göbel, München
Printed in Germany
ISBN 3 406 50875 8

www.beck.de

Inhalt

Unterzeichnung des Versailler Vertrags 28.6.1919
Foto: © CORBIS

Kapitel I

Ein deutsches Trauma:
Die Unterzeichnung des «Versailler Vertrags»

Am 28. Juni 1919 besiegelten die Siegermächte des Ersten Weltkriegs ihren vollständigen Triumph über das niedergeworfene Deutsche Reich: Im Spiegelsaal des Schlosses von Versailles setzten die deutschen Bevollmächtigten und die zweiunddreißig Delegationen der «alliierten und assoziierten Mächte» ihre Unterschriften unter den Friedensvertrag, der als «Versailler Vertrag» in die Geschichte eingegangen ist. Der Schauplatz für den Unterzeichnungsakt war mit Bedacht gewählt; symbolische Bezüge waren unübersehbar. Da sich im Krieg von 1870/71 während der Belagerung von Paris das deutsche Hauptquartier in Versailles befand, hatte hier am 18. Januar 1871 die Proklamation des preußischen Königs Wilhelm I. zum deutschen Kaiser stattgefunden. Zwar war für diese Zeremonie der Spiegelsaal des Schlosses aus pragmatischen Gründen gewählt worden (er war der größte in Versailles verfügbare Raum, der sonst in diesen Monaten als Lazarett diente), aber die Franzosen empfanden es doch als eine Schmach, daß die Proklamation des deutschen Kaisers ausgerechnet in dem «à toutes gloires de la France» gewidmeten Schloß des Sonnenkönigs Ludwig XIV. erfolgte – und diese Schmach wurde nun getilgt, indem das besiegte Deutsche Reich an eben diesem Ort einen drakonischen Friedensvertrag unterzeichnen mußte. Aus französischer Sicht bedeutete dieser «zweite» Versailler Frieden zudem die Auslöschung des «ersten» Versailler Friedens, nämlich des Präliminarfriedens zwischen Preußen/Deutschland und dem besiegten Frankreich, der in Versailles (in der rue de Provence 14) ausgehandelt und am 26. Februar 1871 unterzeichnet worden war.

Der majestätische Spiegelsaal, die «galerie des glaces», ist der prunkvollste Raum des Schlosses, 73 Meter lang, 10,5 Meter breit, 12,3 Meter hoch, erhellt von siebzehn Fenstern, denen auf der Gegenseite siebzehn verspiegelte Arkaden zwischen Marmorpfeilern entsprechen, so daß die Spiegelflächen die Raumtiefe in illusionärer Weise steigern. Das gewaltige Deckenfresko ist ausgemalt mit Szenen aus den Kriegen Ludwigs XIV. gegen Holland, Spanien und das Reich. An diesem geschichtsträchtigen Orte also fand die Unterzeichnung des Friedensvertrages statt.

Am 28. Juni 1919, einem Samstag, waren an die tausend Personen im Spiegelsaal versammelt. Am einen Ende des Saales drängten sich die Presseleute, an der gegenüberliegenden Seite hatten geladene Gäste Platz genommen, Abgeordnete, Senatoren, Militärs, Mitglieder der Delegationen. In der Mitte des Saales (dort, wo 1871 die Kaiserproklamation stattgefunden hatte) stand die große hufeisenförmige Tafel für die Bevollmächtigten, davor ein kleines Tischchen, auf dem das Vertragsdokument lag, ein dickes Buch mit dem in französischer und englischer Sprache abgefaßten Vertragstext. Der französische Ministerpräsident Georges Clemenceau, der der Friedenskonferenz präsidierte, erhob sich Punkt drei Uhr von seinem Platz in der Mitte des Delegiertentisches, gebot Schweigen und befahl barsch: «Bringen Sie die Deutschen herein!» Die Tür am Ende des Saales öffnete sich. Zwei mit Silberketten geschmückte Saaldiener erschienen, hinter ihnen vier Offiziere, je ein französischer, englischer, amerikanischer und italienischer, dann die beiden deutschen Bevollmächtigten, Hermann Müller, seit wenigen Tagen Reichsaußenminister, ein führender Sozialdemokrat, und Minister Dr. Johannes Bell, ein Zentrumspolitiker. Als sich die beiden auf die ihnen zugewiesenen Stühle – zwischen den Delegierten Uruguays und Japans – niedergesetzt hatten, erklärte Clemenceau in einer kurzen Ansprache die Sitzung für eröffnet. Im Schlußsatz betonte er die unwiderrufliche Verpflichtung, alle festgesetzten Bedingungen zu erfüllen. «Unter diesen Umständen habe ich die Ehre, die deutschen Bevollmächtigten einzuladen, ihre Unterschriften auf dem mir vorliegenden Vertrage geben zu wollen.» Hermann Müller und Bell standen auf und schritten durch den Saal. «In diesem Augenblick», so der Bericht Hermann Müllers, «herrschte eine feierliche Stille und wir fühlten, daß tausend Blicke auf uns gerichtet waren. Am Tisch angelangt, zog ich meinen Füllfederhalter und unterschrieb …, nach mir Dr. Bell. Zurück zu unseren Plätzen. Es war vorüber.»

Danach wurden in rascher Reihenfolge die Delegationen der Siegermächte aufgerufen, beginnend mit den fünf Delegierten der USA, an der Spitze Präsident Wilson. In sich allmählich steigernder Unruhe unterzeichneten dann die Delegierten der weiteren vier Hauptmächte, der fünf britischen Dominions und von zweiundzwanzig Staaten. Als auch der letzte Delegierte seine Unterschrift geleistet hatte, war der Unterzeichnungsakt kurz vor vier Uhr beendet – er hatte kaum eine volle Stunde gedauert. Clemenceau erklärte die Sitzung für geschlossen und ersuchte die beiden Deutschen, den Saal zu verlassen. Der britische Diplomat Harold Nicolson, dem wir eine ausführliche Schilderung der Unterzeichnungszeremonie verdanken, bemerkt: Sie wurden abgeführt «wie Sträflinge von der Anklagebank, die Augen noch immer auf irgendeinen fernen Punkt am Horizont gerichtet». Hermann Müller und Johannes Bell, die die Tortur dieses Tages in vorbildlicher Beherrschtheit durchgestanden hatten, reisten noch am Abend des 28. Juni nach Deutschland zurück.

Clemenceau hatte sich für die Deutschen noch eine besondere Demütigung beim Unterzeichnungsakt ausgedacht. In einer Fensternische hinter dem Tisch, an dem der Vertrag unterzeichnet wurde, ließ er fünf französische Soldaten plazieren, die durch schwerste Gesichtsverletzungen entstellt waren, ohne Münder oder Augen, ein lebender Vorwurf an die Adresse Deutschlands. Es scheint allerdings, daß die beiden deutschen Bevollmächtigten diese Gruppe der Gesichtsverletzten gar nicht wahrgenommen haben und ihnen dadurch der visuelle Schock erspart blieb. Hermann Müller erwähnt in seinem ausführlichen Bericht das Szenario ebenso wenig wie Harold Nicolson, der den Einzug der beiden deutschen Bevollmächtigten ausdrücklich so beschreibt: «Sie halten die Blicke von diesen zweitausend sie anstarrenden Augen hinweggerichtet, zum Deckenfries empor.»

Oberst House, der engste Berater Präsident Wilsons, hat zur Durchführung des Unterzeichnungsaktes angemerkt: «Ich wünschte, es wäre einfacher gewesen und ein Element der Ritterlichkeit hätte nicht gefehlt, das völlig mangelte. Die Affäre war sorgfältig inszeniert und war so gestaltet, daß sie für den Gegner so demütigend wie möglich wäre.» Damit ist ein wesentliches Merkmal dieses Friedensschlusses treffend bezeichnet: die Sichtbarmachung der Demütigung Deutschlands. Wenn dem Deutschen Reich ungeheure materielle Belastungen auferlegt wurden, so bewegte sich dies noch sozusagen im Rahmen der Normalität des Friedenschließens, denn Gebietsabtretungen und Kriegskostenentschädigungen wurden den Besiegten auch in früheren Friedensverträgen zudiktiert. Worin sich von diesen der Versailler Vertrag jedoch deutlich unterschied, das waren bis dahin ungekannte Formen des Vorgehens in den Verhandlungen und beim Vertragsabschluß. Sie zielten darauf, den besiegten Gegner mit äußerster Rigorosität moralisch abzustrafen und zum Ertragen demütigender Prozeduren zu zwingen. Es war nicht zuletzt dieses Moment, durch das «Versailles» seine vergiftende Wirkung entfaltete.

Daß Deutschland «Versailles» hinnehmen mußte, hatte einen einfachen Grund: Nach dem in rasantem Tempo sich vollziehenden Zusammenbruch der Mittelmächte im Herbst 1918 verfügte das Deutsche Reich über kein militärisches Machtpotential mehr und war den Siegermächten auf Gedeih und Verderb ausgeliefert. Wie kam es zu dieser – bis weit ins Jahr 1918 hinein unvorstellbaren – vollständigen militärischen Niederlage?

Kapitel II

Die militärische Niederlage der Mittelmächte

Wann war die militärische Niederlage des Deutschen Reiches und seiner Verbündeten klar absehbar? Oder etwas anders gefragt: Wann war klar, daß das militärische Potential der «Mittelmächte» (Deutschland, Österreich-Ungarn, Türkei, Bulgarien) nicht ausreichen würde, um der gegnerischen Allianz wenn nicht den Sieg, so doch einen Verhandlungsfrieden abzuringen? Auf diese Frage sind mehrere und durchaus unterschiedliche Antworten möglich und gegeben worden.

Nimmt man zunächst die wirtschaftlichen und demographischen Potentiale beider Seiten in den Blick, dann ist unbestreitbar, daß sich die Ententemächte schon bei Kriegsbeginn eindeutig im Vorteil befanden (und im Lauf des Krieges verschoben sich dann die Gewichte noch weiter zuungunsten der Mittelmächte). Im letzten Friedensjahr verfügten die Mächte der Entente über 28 Prozent aller Industriekapazitäten weltweit, die Mittelmächte nur über 19 Prozent. Die Gesamtbevölkerung Rußlands, Frankreichs, Großbritanniens, Belgiens, Serbiens und Montenegros belief sich auf 258 Millionen, während Deutschland und Österreich-Ungarn 118 Millionen Einwohner zählten. Infolgedessen standen 1914 den 6,323 Millionen Soldaten des Deutschen Reichs und Österreich-Ungarns rund 9,292 Millionen der Ententemächte gegenüber. Angesichts dieser Kräfteverhältnisse hätte die Entente den Krieg rasch für sich entscheiden müssen – wenn Heeresstärken und wirtschaftliche Ressourcen allein ausschlaggebend wären für die militärischen Möglichkeiten. Da dies aber nicht der Fall ist, war – trotz des ungleichen Potentials beider Seiten – Sieg oder Niederlage in diesem Krieg nicht von vornherein unzweideutig vorgezeichnet.

Unter diesen Umständen wurde der Ausgang der Marne-schlacht Anfang September 1914 zu einem folgenschweren Ereignis: Weil ein schneller, kriegsentscheidender Sieg der deutschen Armeen verhindert wurde und seit Oktober 1914 die Westfront im Stellungskrieg erstarrte, gewannen die Alliierten Zeit, um ihre überlegenen Ressourcen für einen mit langem Atem zu führenden Zermürbungskrieg zu organisieren. Ende November 1914 sah sich der deutsche Generalstabschef von Falkenhayn veranlaßt, dem Reichskanzler einzugestehen, er sehe keine Möglichkeit, die Feindmächte derart zu besiegen, daß das Reich die Friedensbedingungen diktieren könne.

Ein Überblick über Kriegsverlauf und Wendepunkte im Kriegsgeschehen kann an dieser Stelle nicht gegeben werden. Es sei lediglich hervorgehoben, daß das Jahr 1917 weitreichende Veränderungen der politischen und militärischen Kräftekonstellation brachte. Zum einen: Durch den Kriegseintritt der USA erfuhr das Potential der Alliierten eine massive Steigerung – damit schrumpften die ohnehin zweifelhaften Siegeschancen der Mittelmächte noch mehr. Aber zum anderen: Im Gefolge der Oktoberrevolution schied Rußland aus dem Krieg aus – das bedeutete Wegfall der zweiten Front und eröffnete die Möglichkeit, nun mit Aufgebot aller Kräfte im Westen die Entscheidung zu suchen, noch ehe amerikanische Truppen maßgeblich auf diesem Kriegsschauplatz agieren konnten. Die politische und militärische Situation um die Jahreswende 1917/18 war daher durch eine gewisse Ambivalenz gekennzeichnet: Bei der Führung der Mittelmächte, insbesondere Deutschlands, die Entschlossenheit, dem Siegfrieden im Osten jetzt die Kriegsentscheidung im Westen folgen zu lassen; auf Seiten der Alliierten die unbedingte Zuversicht, trotz des Verlusts des russischen Bundesgenossen vermöge amerikanischer Unterstützung und eigener Ressourcenmobilisierung früher oder später den kriegsentscheidenden Sieg davonzutragen. Soviel ist sicher: Seit dem Kriegseintritt der USA arbeitete die Zeit gegen Deutschland und seine Verbündeten.

Gleichwohl sah es zu Beginn des Jahres 1918 für die Alliierten nicht allzu günstig aus. Nicht nur Rußland war aus dem Krieg ausgeschieden (am 22. Dezember 1917 begannen in Brest-

Litowsk die Verhandlungen über einen Separatfrieden Rußlands mit den Mittelmächten), besiegt war auch Rumänien (das im August 1916 den Mittelmächten den Krieg erklärt hatte), und Ende Oktober 1917 war österreichischen und deutschen Truppen bei Caporetto an der Isonzofront ein großer Sieg über die Italiener gelungen. Es war einer der spektakulärsten operativen Erfolge in diesem Krieg: Die gesamte italienische Front brach ein und konnte erst zwei Wochen später und 110 Kilometer weiter zurück entlang der Piave mühsam wieder stabilisiert werden.

Auf der Habenseite der Alliierten stand der – vor allem durch die Einführung des Geleitzugsystems – gewonnene U-Boot-Krieg, so daß der amerikanische Nachschub nahezu unbehindert über den Atlantik gebracht werden konnte; amerikanische Truppen trafen allerdings erst nach und nach in Frankreich ein und mußten zunächst ausgebildet werden. Frankreich hatte 1917 krisenhafte Monate durchlebt: Streiks, Meutereien, Instabilität der Regierung, pazifistische Strömungen in der öffentlichen Meinung. Beendet wurde diese Krisensituation im November 1917 mit der Ernennung des 76jährigen Georges Clemenceau zum Ministerpräsidenten, der sofort seine äußerste Entschlossenheit demonstrierte, den Krieg unerbittlich weiterzuführen: «Keine pazifistischen Kampagnen, keine deutschen Intrigen mehr. Weder Verrat noch Halb-Verrat: Krieg, nur noch Krieg.» Und die große Mehrheit der Franzosen folgte ihm in dieser Haltung.

Die militärischen Aussichten der Alliierten waren jedoch um die Jahreswende 1917/18 eher düster. Der amerikanische Militärvertreter im Obersten Kriegsrat der Alliierten schrieb im Februar nach Washington: «Ich bezweifle, daß ich jemandem, der nicht bei der letzten Konferenz anwesend war … klarmachen kann, wie stark das Denken der politischen und militärischen Persönlichkeiten hier von Angst und Furcht durchdrungen ist.» Denn man erwartete jetzt eine große deutsche Offensive, weil nach Waffenstillstand und Beginn der Friedensverhandlungen mit Rußland die deutsche Führung starke Truppenverbände von der Ostfront abziehen und nach Westen verlegen konnte.

Tatsächlich begann die Oberste Heeresleitung Hindenburg-Ludendorff schon Ende 1917 mit der operativen Planung einer großangelegten Frühjahrsoffensive. Sie wurde als unbedingte militärische Notwendigkeit verstanden: Franzosen und Engländer sollten eine vernichtende Niederlage erleiden, ehe die amerikanischen Truppen voll einsatzfähig waren. Bei dieser Entscheidung durften sich Hindenburg und Ludendorff schon im Vorfeld der Offensive von einer hoffnungs- und erwartungsvollen Stimmung in Heer und Heimat getragen wähnen. Die Vorstellung, durch eine letzte große Kraftanstrengung dem Krieg mit einem deutschen Sieg ein Ende bereiten zu können, hatte offenbar im Feldheer und in der Heimat die bis dahin vorherrschende Resignation momentan überwunden. Die kommende Offensive im Westen wurde allgemein – wie auch die Auswertung von Soldatenbriefen ergibt – als «Königsweg zum baldigen Kriegsende» angesehen. In diesen Wochen wurde ein Höhepunkt des deutschen Machtgefühls erreicht, der fast dem hohen Stand der Hoffnungen vom August 1914 entsprach (was allerdings nicht mehr für alle Bevölkerungsschichten zutraf).

Vor dem Hintergrund eines solchen – in rückschauender Betrachtung schwer zu begreifenden – Stimmungshochs voller Siegeserwartungen zu Beginn des Jahres 1918 ist zu prüfen, ob der Entschluß zu einer Offensive, die sich zum «größten militärischen Einzelunternehmen der bisherigen Geschichte» (Dieter Storz) entwickeln sollte, militärisch und politisch sinnvoll und verantwortbar gewesen ist und ob es zu diesem Zeitpunkt realistische Alternativen zur offensiven Kriegführung gegeben hat. Es wird immer wieder die Ansicht vertreten, man hätte Anfang 1918 aus der Position einer gewissen Stärke heraus Friedensdiplomatie betreiben müssen; der militärischen Offensive hätte eine auf einen Verständigungsfrieden abzielende politische Offensive vorausgehen sollen. Derartige Überlegungen sind innerhalb der militärischen Führung nicht angestellt worden, und man darf beim heutigen Kenntnisstand bezweifeln, ob eine politische Offensive mit dem Ziel eines Kompromißfriedens eine realistische Alternative zur geplanten Frühjahrsoffensive dargestellt hätte. Die Chancen, den Krieg durch einen Verständigungsfrieden beenden zu können, waren nämlich während der Kriegsjahre und erst recht im Jahr 1918 sehr viel geringer, als dessen Befürworter glaubten, wenn solche Chancen denn überhaupt existierten.

Diese Behauptung bedarf einer kurzen Begründung. In der Forschung dominierte seit der Fischer-Kontroverse der 1960er Jahre die Auffassung, die exorbitanten deutschen Kriegsziele seien das entscheidende Hindernis gewesen auf dem Weg zu einem «Verständigungsfrieden», was immer man unter dem etwas unscharfen Begriff verstehen mag (Status-quo-Frieden oder «Kompromißfrieden» dieser oder jener Art?). Es besteht kein Zweifel, daß die Kriegszielforderungen, vertreten von der Militärführung, der Reichsleitung und weiten Teilen der Öffentlichkeit, die deutsche Position in der öffentlichen Meinung der Welt stark beeinträchtigt und die gegnerische Allianz zusammengeschweißt haben. Doch zweierlei ist zu bedenken. Zum einen ist nie die Probe aufs Exempel gemacht worden, wieviel von den Kriegszielforderungen man in Verhandlungen mit den Alliierten wirklich durchzusetzen versuchen würde, denn es ist nicht zu solchen Verhandlungen gekommen. Somit ist ein eindeutiges Urteil über die deutschen Kriegsziele als fundamentales Hindernis für einen Verständigungsfrieden nicht möglich. Eine Anmerkung zum Frieden von Brest-Litowsk (3. März 1918): Dies war gewiß ein drakonischer Siegfrieden, bei dem die Mittelmächte – angesichts der Schwäche des Gegners – noch weit mehr durchsetzten, als bis zum Waffenstillstand möglich erschienen war und gefordert wurde. Aber was die Möglichkeit eines Kompromißfriedens mit den Westmächten angeht, gilt Winfried Baumgarts Feststellung, daß durch diesen Friedensschluß eine Verständigungsbereitschaft der Alliierten nicht zerstört worden ist, «weil es sie gar nicht gegeben hat. Die Kriegsziele der Alliierten standen in ihren Grundzügen lange vor Brest-Litowsk fest.»

Und damit sind wir beim zweiten Gesichtspunkt. Lange Zeit ist viel zu wenig berücksichtigt worden, daß im Lager der Entente Kriegszielforderungen bestanden, die nur bei einer völligen Niederlage der Mittelmächte, insbesondere des Deutschen Reiches, realisiert werden konnten. In Großbritannien war man seit Kriegsbeginn entschlossen, die militärische und wirtschaftliche Machtstellung des Reiches zu zerstören. Man verlangte daher – so Henry A. Kissinger – «Garantien», die auf ein dauerhaft geschwächtes Deutschland und vor allem auf eine drastische Reduzierung der deutschen Hochseeflotte hinausliefen, «Bedingungen, die Deutschland niemals hinnehmen konnte, es sei denn im Falle einer totalen militärischen Niederlage». Was die französischen Führungskreise angeht, hat der französische Historiker Georges-Henri Soutou überzeugend nachgewiesen, daß schon sehr früh, bereits im September 1914, der Perspektive eines «Verhandlungsfriedens» eine schroffe Absage erteilt wurde und rasch ein Konsens zustande kam, sich nicht auf die Wiedergewinnung von Elsaß-Lothringen zu beschränken, sondern darüber hinaus die Abtrennung der linksrheinischen Gebiete vom Deutschen Reich zu verlangen (Neutralisierung mit langdauernder französischer Besetzung als Minimallösung, volle Annexion als Maximallösung). Auch in den schwärzesten Stunden des Jahres 1917 hat die französische Führung an diesen Zielen festgehalten. Soutou geht soweit, Ludendorff zu attestieren, er habe eines richtiger gesehen als viele deutsche Politiker: «die Entschlossenheit der Alliierten, das Reich als Großmacht zu zerstören».

Angesichts derartiger Befunde besteht in der jüngsten Forschung weitgehende Übereinstimmung darüber, «daß die Beendigung des Krieges auf dem Verständigungswege in keinem der kriegführenden Lager ernstlich angestrebt wurde» (Wolfgang J. Mommsen). Das heißt aber auch: Da die Alliierten Ziele verfolgten, die sie ohne Sieg nicht erreichen konnten, waren sie gewillt, bis zum vollen militärischen Sieg zu kämpfen, und zumal seit dem Kriegseintritt der USA hatten sie an ihrem schließlichen Sieg keine ernsthaften Zweifel mehr. Daher gab es im Winter 1917/18 keine Chance, zu einer politischen Lösung bei der Beendigung des Krieges zu gelangen – es sei denn, das Deutsche Reich und seine Verbündeten hätten in Bedingungen eingewilligt, die nur ein besiegtes Volk auf sich nimmt. Doch zu Beginn des Jahres 1918 fühlten sich die Mittelmächte – nach den Erfolgen im letzten Jahr – alles andere als besiegt. So erhielt die

Frühjahrsoffensive einen «Zug von bitterer Unausweichlichkeit» (Peter Graf Kielmansegg). So, wie die Dinge lagen, führte kein Weg an der Notwendigkeit vorbei, für das Jahr 1918 die militärische Fortsetzung des Krieges zu planen, wobei man sich im deutschen Generalstab allerdings bewußt war, die «letzte Karte» zu spielen.

Im Lauf des Winters waren 33 deutsche Divisionen aus dem Osten und Südosten an die Westfront verlegt worden, so daß dort mit 192 deutschen Divisionen zum ersten Mal seit Herbst 1914 eine leichte zahlenmäßige Überlegenheit der Deutschen bestand. Der Aufmarsch der deutschen Angriffsarmeen für das Unternehmen «Michael», so der Deckname der Operation, vollzog sich ohne Störungen, auch die Geheimhaltung des Bereichs der Truppenkonzentration gelang. Etwa 90 Divisionen waren als sogenannte Mobildivisionen bestens ausgerüstet und intensiv trainiert worden. Artillerie in gewaltiger Konzentration sollte der Infanterie den Weg bahnen. Für den geplanten Durchbruch hatte die OHL nach längeren Erwägungen den von den Engländern gehaltenen Frontabschnitt Cambrai-St. Quentin bestimmt, die Nahtstelle zwischen den englischen und französischen Truppen. Das operative Ziel mußte sein, die britischen Stellungen zu überrennen, die Engländer nach Norden zur Kanalküste abzudrängen und ihre Verbindung mit den Franzosen zu unterbrechen.

In den frühen Morgenstunden des 21. März eröffneten auf einer Frontbreite von 70 Kilometern 6600 Geschütze – im Schnitt hundert pro Kilometer – ein fünfstündiges, bestens vorbereitetes mörderisches Trommelfeuer. Die drei hochmotivierten deutschen Armeen in einer Stärke von rund 800 000 Mann überwanden nicht nur die tiefgestaffelten Stellungssysteme des Gegners, sondern drangen innerhalb weniger Tage weit, bis zu 60 Kilometer, in das gegnerische Hinterland vor. Aber der spektakuläre Anfangserfolg war trügerisch, der ungeheure Jubel in Deutschland verfrüht. Den Nachschub und die Artillerie über die Trichterfelder der Somme-Schlacht von 1916 hinwegzubringen, erwies sich als äußerst schwierig. Ferner schwankte die OHL in der operativen Zielsetzung von Tag zu Tag, es fehlte ihr an einer durchdachten strategischen Zielbezogenheit ihrer Maßnahmen. Die Angriffskraft der deutschen Armeen begann zu erlahmen. Amiens, der wichtige Eisenbahnknotenpunkt, wurde nicht erreicht. Am 5. April befahl Ludendorff die Einstellung der Offensive.

Der strategische Durchbruch war nicht gelungen – auch wenn die 5. englische Armee kurz vor dem Zusammenbruch stand und der britische Oberbefehlshaber General Haig das Schlimmste befürchtete, auch wenn die Deutschen große Geländegewinne erzielten, allerdings um einen hohen Preis: Die deutschen Verluste beliefen sich in zwei Wochen auf 230 000 Mann, Verluste in dieser Höhe hatte es selbst in diesem Krieg in einem vergleichbaren Zeitraum noch nie gegeben.

Als die «Michael»-Offensive eingestellt wurde, stand fest: Die «letzte Karte» hatte nicht gestochen. Schon am 27. März urteilte der bayerische Kronprinz Rupprecht, Oberbefehlshaber seiner Heeresgruppe: «Der Krieg ist verloren.» Zu dieser objektiv absolut zutreffenden Feststellung konnten sich Ludendorff und Hindenburg nicht durchringen. Der Krieg ging weiter.

Hätte ein voller strategischer Erfolg der Frühjahrsoffensive, nämlich die Engländer an die Kanalküste zurückzuwerfen, «kriegsentscheidend» sein können? Bei einem durchschlagenden Erfolg, der nicht völlig unmöglich war, wären die Deutschen gewiß in eine vorteilhafte Lage gekommen, zumal auch die Truppen der Alliierten erschöpft waren. Aber was mit einer vorteilhaften Lage anfangen? Die militärische und politische Führung des Reichs hätte die Position der Stärke schwerlich genutzt, den Alliierten ein so moderates Friedensangebot zu machen, daß deren Entschlossenheit zu einem Siegfrieden ins Wanken gekommen wäre. Zwar wird man der Auffassung des britischen Militärhistorikers Michael Howard zustimmen können, der Krieg wäre auch weitergegangen, wenn die Deutschen die Kanalhäfen erobert, ja selbst Paris eingenommen hätten. Aber immerhin: Waffenstillstandsbedingungen wie die, die Deutschland im November akzeptieren mußte, hätten wohl vermieden werden können, wäre nach einem deutschen Erfolg an der Westfront eine große Friedensaktion eingeleitet worden, die die

Alliierten in Zugzwang gesetzt hätte. Bei der realitätsfernen Mentalität der deutschen militärischen und politischen Führungskreise muß die Möglichkeit einer solchen Vorgehensweise indessen als höchst unwahrscheinlich gelten. Doch dies alles sind Spekulationen. Halten wir uns an die harten Fakten.

Nach dem Scheitern der «Michael»-Offensive begann sich das Zeitfenster unerbittlich zu schließen. Denn die zahlenmäßige Überlegenheit der Alliierten wuchs seit Anfang 1918 von Woche zu Woche durch den Zustrom der Amerikaner. Hatten sich im Oktober 1917 erst 80 000 amerikanische Soldaten in Frankreich befunden, alle noch in Ausbildung, so trafen seit Ende 1917 wöchentlich bis zu 250 000 Amerikaner in Frankreich ein. Anfang November 1918 betrug ihre Stärke 1,87 Millionen Mann (und übertraf damit die Stärke der britischen Expeditionsarmee).

Bedeutung und Folgen des Scheiterns der Frühjahrsoffensive hat die OHL gegenüber der politischen Reichsleitung und der deutschen Öffentlichkeit nicht offen eingestanden. Stattdessen wurde weiterhin ein rosiges Bild der Gesamtlage gezeichnet, indem man die Geländegewinne bei der «Michael»-Offensive und bei den in den folgenden drei Monaten durchgeführten Offensivstößen in den Vordergrund rückte. Diese – für den Kriegsausgang unerheblichen – Geländegewinne wurden mit hohen Verlusten erkauft und gestalteten überdies den Frontverlauf ungünstig: Die Frontlänge zwischen der Maas bei Verdun und der flandrischen Küste verlängerte sich von Ende März bis Ende Juni um 120 Kilometer (von 390 auf 510 Kilometer), und die deutschen Soldaten verfügten in dem gewonnenen Terrain über keine ausgebauten Verteidigungsstellungen. Mit den ohne ein klares strategisches Konzept durchgeführten, in einen bloßen militärischen Aktionismus ausufernden «Hammerschlägen» zwischen April und Juni 1918 zerschlug die OHL das noch zur Verfügung stehende eigene militärische Potential – hier liegt das schuldhafte Verhalten und Versagen Ludendorffs und Hindenburgs, der seinen Ersten Generalquartiermeister wie stets deckte. Ludendorffs «mangelnde Bereitschaft zu nüchtern-realistischer Lagebeurteilung» (Peter Graf Kielmansegg) hatte jetzt verheerende Auswirkungen; wie General Wilhelm Groener bemerkte, baute er seine Operationsplanung tatsächlich «auf dem Wunder auf».

Zunehmend wurde nun auch der nachlassende Kampfwille der deutschen Soldaten deutlich. Waren sie mit großer Einsatzbereitschaft in die «Michael»-Offensive gegangen, weil sie sich von ihr die baldige Kriegsbeendigung erhofften, so griffen seit April Depression und Enttäuschung um sich. An der Front zeigten sich Auflösungserscheinungen bedenklicher Art – in zweierlei Form: Immer mehr deutsche Soldaten gingen in die Kriegsgefangenschaft, und eine wachsende Zahl entfernte sich «unerlaubt von der Truppe». Begründete Schätzungen rechnen für die letzten Monate des Krieges mit 750 000 bis eine Million Mann, die sich auf diese Weise dem Kriegsdienst entzogen. Die OHL wurde dieser «Drückebergerei» nicht Herr, für die Wilhelm Deist den Ausdruck «verdeckter Militärstreik» geprägt hat. Die geschwächte Kampfkraft der deutschen Armeen wurde offenbar, als General Foch, seit Anfang April Oberkommandierender der alliierten Armeen, Mitte Juli zur Offensive überging. Von nun an wichen die deutschen Truppen an allen Frontabschnitten der Westfront zurück (siehe Karte S. 24). Doch Ludendorff weigerte sich bis Ende September, die militärischen und politischen Konsequenzen aus der von ihm zu verantwortenden vollkommenen Überspannung der Kräfte zu ziehen.

Gleichzeitig bahnte sich in diesen Monaten der rasche Zusammenbruch der Verbündeten Deutschlands an. An der Saloniki-Front, deren Verteidigung in der Hauptsache den Bulgaren oblag, bereitete der französische Befehlshaber seit Juli 1918 eine Offensive vor, die am 14. September losbrach und nur noch auf geringen Widerstand stieß. Das bulgarische Heer löste sich auf seinem Rückzug nach Norden auf, am 29. September unterzeichnete die bulgarische Regierung einen Waffenstillstand; für die Alliierten war der Weg zur Donau frei.

Die Türkei hatte seit 1917 schwere Niederlagen gegen die britischen Armeen erlitten, in Mesopotamien und an der Palästinafront; seit Frühjahr 1918 wurde die türkische Front stetig weiter zurückgedrängt. Als die Engländer am 19. September zur letzten großen Offensive antraten, brach die türkische Armee

zusammen. Am 30. Oktober wurde ein Waffenstillstand unterzeichnet, der die Dardanellen den Alliierten auslieferte und das
gesamte türkische Staatsgebiet ihren Truppen öffnete.

Österreich-Ungarn befand sich an der Schwelle des militärischen und inneren Zusammenbruchs. Zwar blieb es an der italienischen Front bis zum Frühsommer 1918 ruhig, weil die Italiener immer noch von ihrer Niederlage im vergangenen Oktober gelähmt waren. Aber als die österreichische Armee Mitte
Juni 1918 eine Offensive unternahm, endete diese mit einer Niederlage und schweren Verlusten der völlig unterernährten österreichischen Truppen. Der Zerfall der Widerstandskraft schritt
nun schnell voran; die Zahl der Überläufer stieg rapide, der
Krankenstand war hoch. Im Spätsommer erschien eine Katastrophe unvermeidlich. Am 14. September publizierte Kaiser Karl –
gegen den ausdrücklichen Willen der OHL – eine Note, die alle
kriegführenden Mächte zu Friedensgesprächen aufforderte. Die
Alliierten gingen über dieses Angebot hinweg. Als die Italiener
am 24. Oktober zur Offensive antraten, trieben sie die zerfallen-
den Reste der österreichischen Armee vor sich her. Am 27. Oktober bat Kaiser Karl um Waffenstillstand und Sonderfrieden. Der
Waffenstillstand wurde am 3. November unterzeichnet; er ver-
pflichtete Österreich, alle von Italien beanspruchten Gebiete in
Tirol und an der Adria zu räumen und den alliierten Truppen
sein Territorium für den Durchmarsch nach Süddeutschland zu
öffnen.

Trotz der dramatischen Entwicklungen bei den Verbündeten
und der prekären Lage an der Westfront blieb die deutsche militärische Führung in Illusionen befangen. Bei einem Kronrat am
14. August verharmloste Ludendorff gegenüber der politischen
Reichsleitung weiterhin den Ernst der militärischen Lage. Erst
im September übernahm es die nähere militärische Umgebung
Ludendorffs, der Regierung endgültig die Augen zu öffnen, und
in den letzten Septembertagen fand sich auch Ludendorff zu dem
Eingeständnis bereit, daß der Krieg verloren sei. Was er vor den
Offizieren in der OHL sagte, hat Generalmajor Albrecht von
Thaer in seinem Tagebuch festgehalten: «Die OHL und das deut-
sche Heer seien am Ende; der Krieg sei nicht nur nicht mehr zu

gewinnen, vielmehr stehe die endgültige Niederlage wohl unmittelbar bevor.» Von eigenen Führungsfehlern und Fehleinschätzungen sprach er nicht, sondern gab den deutschen Soldaten die Schuld: «Auf die Truppen sei kein Verlaß mehr ... So sei vorauszusehen, daß dem Feinde schon in nächster Zeit mit Hilfe der kampffreudigen Amerikaner ein großer Sieg, ein Durchbruch in ganz großem Stile gelingen werde, dann werde dieses Westheer den letzten Halt verlieren und in voller Auflösung zurückfluten über den Rhein und werde die Revolution nach Deutschland tragen.» Um diese Katastrophe zu verhindern, habe er den Reichskanzler aufgefordert, «daß ohne jeden Verzug der Antrag auf Herbeiführung eines Waffenstillstands gestellt würde bei dem Präsidenten Wilson von Amerika zwecks Herbeiführung eines Friedens auf der Grundlage seiner Vierzehn Punkte».

Unzweideutiger konnte die militärische Kriegsniederlage des Deutschen Reiches nicht zu Protokoll gegeben werden. Wenn der Vorsitzende des Rats der Volksbeauftragten Friedrich Ebert im Dezember 1918 den heimkehrenden Frontsoldaten beim Empfang in der Reichshauptstadt zurief «Kein Feind hat Euch überwunden», so leistete diese Aussage, rasch zur eingängigen Formel «im Felde unbesiegt» verdichtet, einer nicht nur schönfärberischen, sondern objektiv falschen Sicht des Weltkriegsendes Vorschub. Die deutschen Armeen sind 1918 im Felde besiegt worden. Und dieses Faktum steht am Anfang des Weges, der in Versailles endete.

Kapitel III

Vom deutschen Waffenstillstandsersuchen zum Waffenstillstandsabkommen

Der militärische Offenbarungseid, den die OHL Ende September 1918 mit dem Eingeständnis der Kriegsniederlage leistete, brachte Entwicklungen in Gang, die noch Wochen zuvor undenkbar erschienen waren. Bei den Beratungen der militärischen und politischen Führung des Reichs im Großen Hauptquartier zu Spa am 28./29. September wurde unter dem ungestümen Drängen der Militärs beschlossen, unverzüglich ein Waffenstillstands- und Friedensangebot an den amerikanischen Präsidenten Wilson zu richten und diese Aktion innenpolitisch zu flankieren durch eine «Revolution von oben»: Die bisher an der Regierung nicht beteiligten «Mehrheitsparteien» des Reichstags (Zentrum, linksliberale Fortschrittspartei und Mehrheitssozialdemokratie) sollten Vertreter in die neuzubildende Regierung entsenden. Dadurch würde diese den Charakter einer parlamentarischen Regierung erhalten – denn nur wenn in Deutschland eine parlamentarische Regierung bestand und somit Wilsons Vorbehalte gegenüber der Autokratie der Hohenzollern entkräftet wurden, konnte man hoffen, daß der amerikanische Präsident die ihm angetragene Vermittlerrolle akzeptieren würde. Zwar hatten die Mehrheitsparteien von sich aus bereits vor diesen Beratungen – noch ohne Kenntnis der aussichtslosen militärischen Lage – die «Schaffung einer starken, vom Vertrauen der Mehrheit des Reichstags getragenen Regierung» gefordert – doch wenn Ludendorff es jetzt für opportun hielt, den Parteien eilig das Tor zur Macht zu öffnen, so spielte dabei auch der Hintergedanke eine Rolle, den bisher von der Staatsmacht ferngehaltenen Parteien der politischen Mitte und Linken nunmehr die Verantwortung für die Liquidierung des Krieges zuzuschieben.

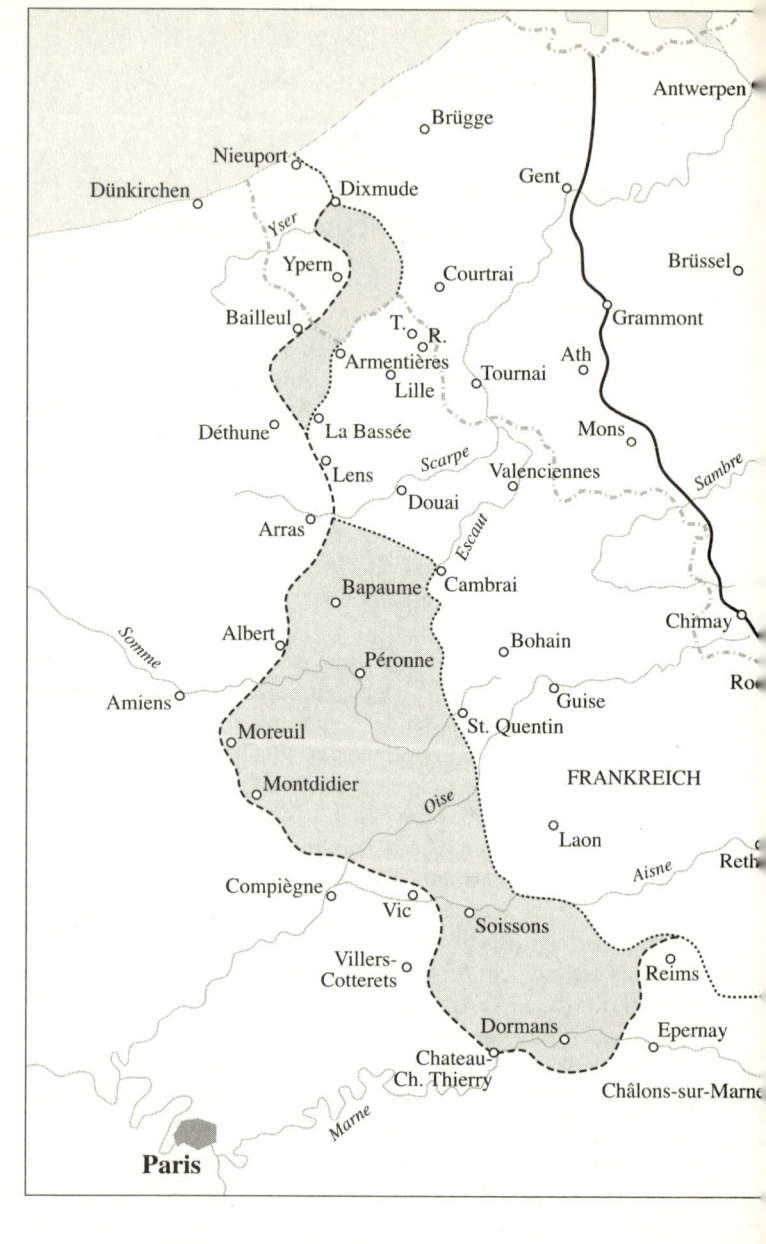

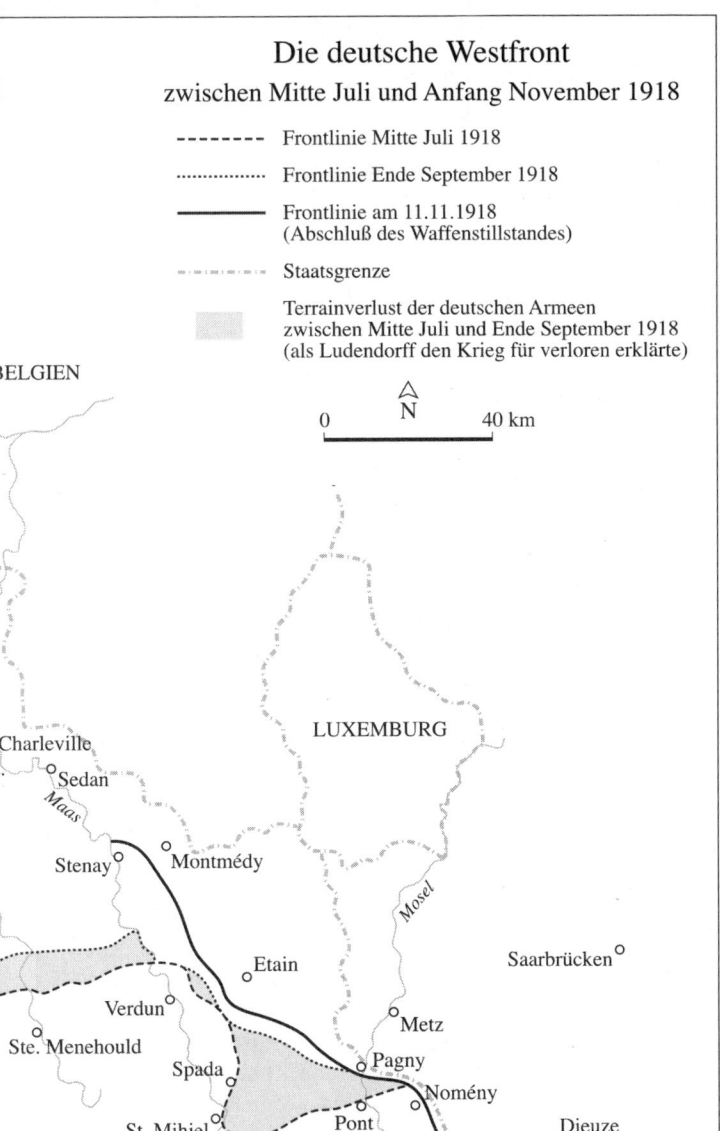

Die deutsche Westfront
zwischen Mitte Juli und Anfang November 1918

- - - - - - - Frontlinie Mitte Juli 1918

· · · · · · · · · · · · · Frontlinie Ende September 1918

———————— Frontlinie am 11.11.1918
(Abschluß des Waffenstillstandes)

— · —· —· —· — Staatsgrenze

Terrainverlust der deutschen Armeen
zwischen Mitte Juli und Ende September 1918
(als Ludendorff den Krieg für verloren erklärte)

BELGIEN

N

0   40 km

Charleville

Z.   Sedan

Maas

Stenay   Montmédy

LUXEMBURG

Mosel

Etain   Saarbrücken

Verdun   Metz

Ste. Menehould   Pagny

Spada   Nomény

St. Mihiel   Pont
à-Mousson   Dieuze

Nancy

Die erste parlamentarische Regierung des Deutschen Reichs unter dem als «liberal» eingestuften Reichskanzler Max von Baden trat unter Auspizien an, wie sie ungünstiger nicht hätten sein können: Die erste, ihr von der OHL aufgezwungene Aktion war die Absendung des Waffenstillstandsangebots. Obwohl die Regierungsbildung zügig erfolgte (Prinz Max wurde am 3. Oktober zum Reichskanzler ernannt), ging es der OHL mit der Absendung des Waffenstillstandsersuchens nicht schnell genug. Am 1. Oktober wurden das Auswärtige Amt in Berlin und der Vizekanzler förmlich bombardiert mit Telegrammen aus dem Großen Hauptquartier – Belege für die in Spa herrschende Panik. 13 Uhr: Ludendorff lasse die dringende Bitte übermitteln, «daß unser Friedensangebot sofort hinausgeht. Heute halte die Truppe, was morgen geschehen könne, sei nicht vorauszusehen.» Eine halbe Stunde später die Äußerung Hindenburgs: «Wenn bis heute abend 7 bis 8 Sicherheit vorhanden ist, daß Prinz Max von Baden die Regierung bildet, so bin ich mit dem Aufschub bis morgen vormittag einverstanden. Sollte dagegen die Bildung der Regierung irgendwie zweifelhaft sein, so halte ich die Ausgabe der Erklärung an die fremden Regierungen heute nacht für geboten.» Eine weitere halbe Stunde später: Ludendorff bitte dringend, «das Friedensangebot sofort hinausgehen zu lassen und damit nicht erst bis zur Bildung der neuen Regierung zu warten, die sich verzögern könne. Heute hielte die Truppe noch und wir seien noch in einer würdigen Lage, es könne aber jeden Augenblick ein Durchbruch erfolgen und dann käme unser Angebot im allerungünstigsten Moment. Er käme sich vor wie ein Hasardspieler, und es könne jederzeit irgendwo eine Division versagen.» Der Vertreter des Auswärtigen Amtes in Spa hatte den Eindruck, «daß man hier völlig die Nerven verloren hat». Kurz nach Mitternacht dann Ludendorffs Forderung, das Angebot müsse sofort von Berlin aus nach Washington gehen. «48 Stunden könne die Armee nicht noch warten.» Diese Dokumente, die zweifelsfrei beweisen, wie massiv die OHL das Friedensangebot und das sofortige Waffenstillstandsersuchen verlangt hat, liegen seit 1919 gedruckt vor; trotzdem wurden Ludendorff und andere Militärs nach 1918 nicht müde, die maßgebliche Verantwortung der OHL abzustreiten.

Angesichts der von der OHL ausgeübten Pressionen sah die neugebildete Regierung des Prinzen Max keine andere Möglichkeit, als sofort nach ihrer Konstituierung an Wilson heranzutreten, trotz Bedenken des Kanzlers und der Kabinettsmitglieder wegen der überstürzten Vorgehensweise. Die vom 3. Oktober datierte, in der Nacht vom 3./4. Oktober nach Bern und dann von der Schweizer Regierung nach Washington telegrafierte Note ist ein inhaltsschweres Schriftstück, denn es leitete die deutsche Kapitulation ein. Deshalb verdient der Text, der übrigens auf einen Formulierungsvorschlag der OHL zurückging, in vollem Wortlaut zitiert zu werden: «Die Deutsche Regierung ersucht den Präsidenten der Vereinigten Staaten von Amerika, die Herstellung des Friedens in die Hand zu nehmen, alle kriegführenden Staaten von diesem Ersuchen in Kenntnis zu setzen und sie zur Entsendung von Bevollmächtigten zwecks Anbahnung von Verhandlungen einzuladen. Sie nimmt das von dem Präsidenten der Vereinigten Staaten von Amerika in der Kongreßbotschaft vom 8. Januar 1918 und in seinen späteren Kundgebungen, namentlich der Rede vom 27. September, aufgestellte Programm als Grundlage für die Friedensverhandlungen an. Um weiteres Blutvergießen zu vermeiden, ersucht die deutsche Regierung den sofortigen Abschluß eines Waffenstillstandes zu Lande, zu Wasser und in der Luft herbeizuführen.»

Was bedeutete der folgenschwere Schritt der deutschen Regierung? Erstens: Die deutsche Regierung akzeptierte als Friedensbasis Wilsons Programm der «Vierzehn Punkte» (das die deutsche Seite so lange völlig ignoriert hatte, wie sie glaubte, den Krieg gewinnen zu können). Dabei hat Ludendorff anscheinend den genauen Inhalt der Vierzehn Punkte gar nicht gekannt, als er diese als Friedensbasis in Vorschlag brachte, denn am 5. Oktober erbat er vom Auswärtigen Amt den Wortlaut!

In den Vierzehn Punkten finden sich neben recht allgemein gehaltenen grundsätzlichen Forderungen (Abschaffung der Geheimdiplomatie, Freiheit der Meere, Gleichheit der Handelsbedingungen, allgemeine Abrüstung) einige konkrete Aussagen über die territorialen Friedensregelungen: Räumung des gesamten von Truppen der Mittelmächte besetzten russischen Territoriums; Wiederherstellung Belgiens; Rückgabe Elsaß-Lothringens an Frankreich; Berichtigung der Grenzen Italiens «nach den genau erkennbaren Abgrenzungen der Nationen»; Gelegenheit zu autonomer Entwicklung für die Völker Österreich-Ungarns; Räumung Rumäniens, Serbiens und Montenegros; Gelegenheit zu selbständiger Entwicklung für die Völker des Osmanischen Reichs; Polen als unabhängiger Staat mit freiem Zugang zum Meer und Einbeziehung aller Gebiete, «die von unbestritten polnischer Bevölkerung bewohnt sind»; Schaffung eines Völkerbunds. Dieses Programm wurde formuliert, als der Sieg der Alliierten noch in weiter Ferne lag, und es war zweifellos ein gegen Deutschland und seine Verbündeten gerichtetes Friedensprogramm, das ein unbesiegtes Deutschland nicht ohne weiteres akzeptieren konnte, denn dies hätte u. a. bedeutet: Annullierung der Friedensverträge von Brest-Litowsk und Bukarest, Abtretung von Elsaß-Lothringen sowie von überwiegend polnischsprachigen Gebieten im Osten des Reichs. Ob sich die Männer der OHL dieser Konsequenzen bewußt waren, als sie durchsetzten, Wilsons Programm als Grundlage für die Friedensverhandlungen anzunehmen, bleibt unklar.

Zweitens: Die Note entfaltete in Deutschland eine ungeheure Sprengkraft. Das darin zum Ausdruck kommende offene Eingeständnis der Niederlage traf die psychologisch völlig unvorbereitete deutsche Öffentlichkeit wie ein Keulenschlag, denn bis zuletzt hatte die große Mehrheit der Bevölkerung der von der amtlichen Propaganda systematisch erzeugten und verbreiteten, ungerechtfertigt optimistischen Einschätzung der Kriegslage Glauben geschenkt. Nachdem das deutsche Waffenstillstandsersuchen jäh und in so dramatischer Weise den illusionären Charakter der bisherigen Lageeinschätzung enthüllt hatte, gab es für die kriegsmüden Massen im Zeichen enttäuschter Erwartung und kollektiver Erschöpfung nur noch ein Ziel: Beendigung des Kriegs – so schnell wie möglich und um jeden Preis. In den Oktoberwochen, in denen sich der Notenwechsel zwischen Wilson und der deutschen Regierung hinzog, wuchs in Deutschland die

«Friedensbewegung» lawinengleich an, so daß es schließlich zu einem förmlichen Wettlauf kam – was würde zuerst da sein: das Ende der Kampfhandlungen oder der Staatsumsturz?

Zwar wandte sich die Massenstimmung nicht primär gegen die monarchische Staatsform, aber in weiten Kreisen der Bevölkerung, im Bürgertum ebenso wie in der Arbeiterschaft, wuchs die Befürchtung, es könnte auf der Basis der bis dahin eingeleiteten Verfassungsänderungen unmöglich sein, rasch zur Einstellung der Kampfhandlungen zu gelangen. Um dieses Ziel zu erreichen, war man bereit, weitergehende staatliche Umgestaltungen zu fordern, selbst die Abdankung des Kaisers.

Den Ausgangspunkt für diese Radikalisierung der Friedensbewegung bildeten die Antwortnoten Präsident Wilsons auf das deutsche Friedensangebot und Waffenstillstandsersuchen. Vor allem Wilsons dritte Note vom 23. Oktober enthielt alarmierende Passagen, die in der deutschen Öffentlichkeit tiefe Niedergeschlagenheit hervorriefen, aber auch in zunehmendem Maße die Entschlossenheit, Wilsons Bedingungen zu erfüllen, um zum Frieden zu gelangen. Unmißverständlich nämlich drohte der amerikanische Präsident: Wenn die USA mit den «militärischen Beherrschern und monarchistischen Autokraten» verhandeln müßten, dann könne Deutschland über keine Friedensbedingungen verhandeln, «sondern muß sich ergeben». Diese Formulierung bewirkte in der öffentlichen Meinung Deutschlands – unabhängig davon, wie sie wirklich gemeint war – die Vorstellung, Kaiser Wilhelm II. bilde das entscheidende Hindernis für die rasche Beendigung des verlorenen Krieges. Die Forderung nach Abdankung Wilhelms II. wurde nun immer vehementer erhoben und – trotz Zensur – in der Presse offen diskutiert.

In seiner dritten Note vom 23. Oktober teilte Wilson außerdem mit, er habe seine Korrespondenz «mit den gegenwärtigen deutschen Behörden» nunmehr den alliierten Regierungen übergeben mit dem Vorschlag, die «notwendigen Bedingungen für einen Waffenstillstand zu unterbreiten», wobei er keinen Zweifel ließ, daß eine Abmachung genügend Kraft haben müsse, «um eine Wiederaufnahme der Feindseligkeiten auf seiten Deutschlands unmöglich zu machen».

Vom 29. Oktober bis 4. November fand in Paris eine inter-alliierte Konferenz statt, auf der die führenden Repräsentanten der siegreichen Koalition und ihre Delegationen über die Vierzehn Punkte als Friedensgrundlage und über die Waffenstillstandsbedingungen berieten. Für Großbritannien verhandelte Premierminister Lloyd George, für Frankreich Ministerpräsident Clemenceau, die USA wurden durch Wilsons engen Vertrauten Oberst House vertreten. Wilson verfolgte vorrangig das Ziel, Großbritannien und Frankreich auf die Vierzehn Punkte als Friedensbasis festzulegen, während die Verbündeten Modifikationen dieses Friedensprogramms wünschten – und teilweise durchsetzten. Lloyd George artikulierte Vorbehalte gegen den Grundsatz der «Freiheit der Meere», die Franzosen bestanden auf einer möglichst umfassenden Definition der deutschen Verpflichtung zu Wiedergutmachungsleistungen. Bei der Festlegung der Waffenstillstandsbedingungen vermochten sich Franzosen und Engländer mit ihrer Forderung drakonischer Bestimmungen auf der ganzen Linie durchzusetzen; nur zaghaft trat Oberst House, entsprechend den Wünschen Wilsons, für etwas mildere Bedingungen ein – vergeblich. Hier zeigte sich, wie verhängnisvoll für Deutschland sich die von der OHL erzwungene Kombination von Friedensangebot und Waffenstillstandsersuchen auswirkte: Die durch das Waffenstillstandsersuchen in Bewegung gesetzte Automatik von Konsultationen auf alliierter Seite entzog bestimmte Entscheidungen dem Einfluß Wilsons; er verlor die Initiative und konnte nicht mehr als faktisch unabhängiger Vermittler agieren, vielmehr war er gezwungen, als Sieger zusammen mit den anderen Siegern den Besiegten gegenüberzutreten.

Das Ergebnis der Pariser Beratungen fand seinen Niederschlag in der sogenannten «Lansing-Note» vom 5. November, benannt nach dem amerikanischen Außenminister Robert Lansing, der sie unterzeichnete (wie er schon die Wilson-Noten im Oktober unterzeichnet hatte): Die alliierten Regierungen erklärten ihre Bereitschaft zum Friedensschluß mit dem Deutschen Reich auf der Grundlage von Wilsons Programm – mit zwei Einschränkungen. Zum einen: Der Begriff «Freiheit der Meere» erlaube verschiedene Auslegungen, von denen einige nicht angenommen werden könnten, weshalb über diesen Gegenstand bei Eintritt in Friedensverhandlungen volle Freiheit vorbehalten bleiben müsse. Zum andern: Über den Sinn der Formulierung «Wiederherstellung der besetzten Gebiete» dürfe kein Zweifel bestehen. Sie verstünden darunter, «daß Deutschland für allen durch seine Angriffe zu Wasser und zu Lande und in der Luft der Zivilbevölkerung der Alliierten und ihrem Eigentum zugefügten Schaden Ersatz leisten soll». Präsident Wilson, so fuhr Lansing fort, habe sich mit dieser Auslegung einverstanden erklärt und lasse der deutschen Regierung mitteilen, «daß Marschall Foch von der Regierung der Vereinigten Staaten und den alliierten Regierungen ermächtigt worden ist, gehörig beglaubigte Vertreter der deutschen Regierung zu empfangen und sie von den Waffenstillstandsbedingungen in Kenntnis zu setzen».

Die Lansing-Note, die endlich den Weg zum Abschluß eines Waffenstillstands freimachte, ging am 6. November in Berlin ein und wurde dort sehnlich erwartet. Seit den letzten Oktobertagen hatte sich nämlich die innere Lage im Deutschen Reich dramatisch zugespitzt. Von der Radikalisierung der Friedensbewegung im Verlauf des Notenwechsels mit Wilson war bereits die Rede, auch von der immer lauter vorgebrachten Forderung nach Abdankung Kaiser Wilhelms II., den viele als entscheidendes Hindernis einer raschen Kriegsbeendigung einstuften. Um sich der politischen Einwirkung der parlamentarischen Reichsregierung zu entziehen, verließ Wilhelm II. – gegen den Willen der Reichsleitung – am 29. Oktober Berlin und begab sich ins Große Hauptquartier nach Spa, in den Augen der meisten eine «Flucht» des Kaisers in kritischer Stunde. Schon am 28. Oktober war es bei der Hochseeflotte zu ersten Befehlsverweigerungen gekommen, weil die Seekriegsleitung ohne Wissen der Reichsregierung einen – militärisch sinnlosen – Flottenvorstoß in die Nordsee angeordnet hatte, eine «Todesfahrt», um die Ehre des Offizierskorps der Marine zu retten. Nachdem fünf Linienschiffe von Wilhelmshaven nach Kiel verlegt und dort zahlreiche Matrosen verhaftet worden waren, entwickelte sich die Meuterei zum Aufstand; Offiziere wurden entwaffnet, Soldatenräte gebildet; am Abend des 4. November befand sich Kiel in den Händen der aufständischen Matrosen und Soldaten.

Die nächsten Tage enthüllten das ganze Ausmaß einer grandiosen «Willenslähmung der Ordnungsmacht im Staat». Der Militär- und Polizeiapparat des alten Regimes kapitulierte überall so gut wie widerstandslos vor der Aufstandsbewegung, die von Kiel aus wie ein Steppenbrand um sich griff. Wohin die von Kiel ausschwärmenden Matrosen gelangten, schlossen sich ihnen die Soldaten der Garnisonen und die Arbeiter der Fabriken an. Es wurden Arbeiter- und Soldatenräte improvisiert; die örtlichen Funktionäre der Arbeiterparteien und der Gewerkschaften nahmen die Dinge in die Hand, ohne Anweisungen ihrer Führungszentralen abzuwarten: am 6. November in Hamburg, Bremen, Wilhelmshaven, Lübeck; am 7. November in Hannover; am 8. November in Köln, Braunschweig, Düsseldorf, Leipzig, Frankfurt. In der Nacht vom 7./8. November flüchtete der bayerische König aus München; die jahrhundertealte Dynastie der Wittelsbacher wurde als erste gestürzt. Am 8. November dankte der Herzog von Braunschweig ab.

Diese Vorgänge näher zu beschreiben, ist hier nicht der Ort; nur so viel ist festzuhalten: Am 9. November – die revolutionäre Welle rollte nun auf die Reichshauptstadt zu – bemühte sich Reichskanzler Max von Baden fieberhaft, von dem im Großen Hauptquartier weilenden Kaiser die Ermächtigung zur Veröffentlichung der Abdankungserklärung zu erhalten – nur bei unverzüglicher Abdankung von Kaiser und Kronprinz glaubte er die Monarchie noch retten zu können. Als sich das telegrafische und telefonische Tauziehen zwischen Berlin und Spa ohne klares Ergebnis hinzog, ließ Prinz Max gegen Mittag die Abdankung des Kaisers publizieren, obwohl er dazu noch nicht förmlich autorisiert war. Gleichzeitig übergab er das Amt des Reichskanzlers an den Führer der Mehrheitssozialdemokratie, Friedrich Ebert, und verließ Berlin. Doch für ein Vorgehen, das eine gewisse Kontinuität sichern wollte, war es zu spät. In Berlin hatte die revolutionäre Bewegung, wie überall in Deutschland, die alten Gewalten – zumindest momentan – entmachtet. Am 9./10. November konstituierte sich als neue Spitze des

Reichs der «Rat der Volksbeauftragten», in den die (eher rechte) Mehrheitssozialdemokratie und die linkere Unabhängige Sozialdemokratie je drei Vertreter entsandten; gleichberechtigte Vorsitzende waren Friedrich Ebert (MSP) und Hugo Haase (USP).

Als sich in der Reichshauptstadt diese umstürzenden Ereignisse vollzogen, hatten im Wald von Compiègne bereits die Waffenstillstandsverhandlungen begonnen, die im wesentlichen in der Entgegennahme des Waffenstillstandsdiktats der Alliierten bestanden.

Wie schon angemerkt wurde, wartete man in Berlin seit Anfang November mit zunehmender Nervosität auf eine Nachricht aus Washington, daß Waffenstillstandsverhandlungen beginnen könnten. Als am Vormittag des 6. November noch immer keine Mitteilung eingetroffen war, erwog man im Reichskabinett sogar, «mit der weißen Fahne» zu den feindlichen Linien hinüberzugehen, d. h. «die direkte Waffenstillstandsforderung von Heer zu Heer» zu stellen. Als Vorsitzender der deutschen Waffenstillstandskommission war zunächst ein Militär vorgesehen (General von Gündell). Aber der Reichskanzler bestand auf einem Zivilisten als Vorsitzendem, weil aus Bern ein Agent gemeldet hatte, die Alliierten hätten beschlossen, Verhandlungen mit Ludendorff oder anderen Mitgliedern des Hauptquartiers strikt abzulehnen, aber mit einer vom Reichstag autorisierten Kommission zu verhandeln. Daher schlug Prinz Max in der Kabinettsitzung am Vormittag des 6. November den führenden Zentrumspolitiker und Minister ohne Geschäftsbereich Matthias Erzberger als Vorsitzenden der Waffenstillstandskommission vor; auf dringende Bitte aller Kabinettsmitglieder nahm dieser das dornenvolle Amt an. Obwohl noch immer kein Bescheid aus Washington vorlag, beschloß man, die Kommission solle unverzüglich zur Westfront aufbrechen. Unmittelbar vor Erzbergers Abreise am späten Nachmittag wurde durch Funkspruch die Lansing-Note bekannt (die Note selbst traf erst kurz vor Mitternacht in Berlin ein). Damit gab es nunmehr einen einwandfreien Anknüpfungspunkt für Waffenstillstandsverhandlungen.

Nach Erzbergers Ankunft im Großen Hauptquartier zu Spa wurde von dort in der Nacht vom 6./7. November durch Funkspruch die Anfrage an Marschall Foch gerichtet, wo die deutschen Bevollmächtigten mit ihm zusammentreffen könnten. Ebenfalls durch Funkspruch bezeichnete Foch den Punkt, wo die Frontlinie zu passieren war. Daraufhin begab sich die Kommission (der neben Erzberger mehrere hohe Offiziere angehörten) zu den französischen Linien.

Nach nächtlicher Fahrt trafen die deutschen Bevollmächtigten am frühen Morgen des 8. November im Wald von Compiègne ein, wo im Salonwagen des Sonderzugs von Marschall Foch um zehn Uhr die Verhandlungen begannen. Foch, begleitet von seinem Generalstabschef General Weygand und zwei hohen englischen Offizieren, empfing die Deutschen kühl. Die von Erzberger übergebene Vollmacht wurde von den alliierten Offizieren in einem Nebenabteil gründlich geprüft, während die Deutschen warteten. Dann eröffnete Foch die Verhandlungen mit den Fragen: «Was führt die Herren hierher? Was wünschen Sie von mir?» Erzberger erwiderte, er erwarte Vorschläge für einen Waffenstillstand, worauf Marschall Foch antwortete: «Ich habe keine Vorschläge zu machen.» Gemeint war damit, er habe nicht Vorschläge anzubieten, sondern nur Bedingungen mitzuteilen, die ohne Diskussionen akzeptiert werden müßten. Erzberger verwies auf die Lansing-Note, nach der Foch ermächtigt sei, der deutschen Delegation Waffenstillstandsbedingungen vorzulegen. Daraufhin ließ Foch durch General Weygand die Bedingungen verlesen, die bei den interalliierten Besprechungen vom 1. bis 4. November schriftlich fixiert worden waren. Marschall Foch, so Erzberger, «saß mit steinerner Ruhe am Tisch, manchmal zupfte er energisch seinen Schnurrbart. Während der ganzen Verlesung wurden keinerlei Bemerkungen gemacht.» An die Deutschen erging die Aufforderung, die Bedingungen binnen 72 Stunden anzunehmen. Verhandlungen darüber seien unmöglich, erklärte Foch, denn er sei durch Weisungen der alliierten Regierungen gebunden; Besprechungen zwischen seinen Begleitern und den deutschen Delegierten könnten jedoch stattfinden. Erzbergers Bitte, sich mit Spa und Berlin telegrafisch in Verbindung setzen zu dürfen, wurde stattgegeben, außerdem konnte Erzberger einen Offizier seiner Begleitung mit dem Wortlaut der Bedingungen nach Spa schicken.

Die extrem harten Waffenstillstandsbedingungen zielten darauf ab, das Deutsche Reich völlig kampfunfähig zu machen, so daß eine Wiederaufnahme der Kampfhandlungen ausgeschlossen war. Die Hauptpunkte waren: Sofortige Räumung aller besetzten belgischen und französischen Gebiete (einschließlich Elsaß-Lothringen) binnen 14 Tagen (alle zurückbleibenden deutschen Truppen mußten in Kriegsgefangenschaft gehen); Räumung des gesamten linken Rheinufers sowie von drei Brückenköpfen bei Mainz, Koblenz und Köln innerhalb von 25 Tagen; Schaffung einer neutralen Zone von dreißig bis vierzig Kilometern Breite auf dem rechten Rheinufer; sofortige Überlassung von 5000 Kanonen, 30000 Maschinengewehren, 3000 Minenwerfern und 2000 Flugzeugen, ferner Überlassung von 5000 Lokomotiven, 150000 Eisenbahnwaggons und 10000 Lastwagen innerhalb von 14 Tagen; sofortige Überführung in alliierte Häfen von 160 U-Booten, 6 Panzerkreuzern und 50 Zerstörern; sofortige Rückführung der alliierten Kriegsgefangenen ohne Recht auf Gegenseitigkeit; Zurückziehung des deutschen Ostheeres hinter die Grenze vom 1. August 1914 (d. h. Räumung Rumäniens, Polens, der baltischen Staaten und der Ukraine); Verzicht auf die Friedensverträge von Brest-Litowsk und Bukarest nebst Zusatzverträgen; Fortbestehen der alliierten Blockade Deutschlands; Begrenzung des Waffenstillstands auf dreißig Tage mit der Möglichkeit der Verlängerung. Es waren Bedingungen, die den britischen Außenminister Balfour in der Sitzung des britischen Kabinetts am 10. November zu der Bemerkung veranlaßten: er sei geneigt anzunehmen, «daß Leute, die noch aufrechtstehen könnten, sich nicht so demütigen werden, ein Dokument wie den Waffenstillstand zu unterzeichnen». Doch von «Aufrechtstehen» konnte auf deutscher Seite in diesen Tagen nicht mehr die Rede sein.

Über die nach Ansicht Erzbergers unerfüllbaren Bedingungen berieten seine militärischen Mitarbeiter in den folgenden zwei Tagen mit alliierten Offizieren. Dabei konzentrierten sich die

Deutschen auf eine Verlängerung der Räumungsfristen (damit nicht zahllose deutsche Soldaten in Kriegsgefangenschaft kommen würden), auf die Streichung der Bestimmungen über die rechtsrheinische entmilitarisierte Zone, Herabsetzung der Forderungen nach Verkehrsmaterial sowie Aufhebung der alliierten Blockade. Das waren auch die Punkte, bei denen nach Ansicht der OHL versucht werden sollte, Erleichterungen zu erreichen. Gelinge dies nicht, so Hindenburg in einem Funkspruch vom 10. November an die deutschen Bevollmächtigten, «so wäre trotzdem abzuschließen».

Die Argumente der deutschen Unterhändler beeindruckten die Gegenseite kaum. Immerhin gelang es, geringfügige Erleichterungen zu erreichen: Die Zahl der abzuliefernden Maschinengewehre wurde von 30 000 auf 25 000 reduziert, die der Flugzeuge von 2000 auf 1700, die der Lastwagen von 10 000 auf 5000 (mit von 15 auf 36 Tage verlängertem Ablieferungstermin). Die Breite der neutralen Zone auf dem rechten Rheinufer wurde auf zehn Kilometer herabgesetzt, die Räumungsfrist für das Rheinland von 25 auf 31 Tage erhöht. Der Abzug der deutschen Truppen aus den östlichen Gebieten sollte nicht sofort erfolgen, sondern erst «sobald die Alliierten, unter Berücksichtigung der inneren Lage dieser Gebiete, den Augenblick für gekommen erachten». Die Waffenstillstandsdauer wurde auf 36 Tage (statt 30) festgelegt. Besonders energisch kämpfte Erzberger um eine Milderung der Blockade und erreichte die Einfügung des Satzes: «Die Alliierten und die Vereinigten Staaten nehmen in Aussicht, während der Dauer des Waffenstillstandes Deutschland in dem als notwendig anerkannten Maß mit Lebensmitteln zu versorgen.» Außerdem erwirkte Erzberger noch Zusicherungen in zwei Punkten, die ihm besonders wichtig waren: Die Verwaltungseinheit zwischen linkem und rechtem Rheinufer sollte bestehen bleiben, und die gerichtliche Verfolgung deutscher Industrieller wegen ihrer Beteiligung an der Requirierung von Maschinen aus Belgien und Nordfrankreich wurde untersagt. Die intensiven Bemühungen der deutschen Unterhändler blieben also nicht völlig vergeblich; mehr war wohl nicht zu erreichen – und das Erreichte ging sogar über das hinaus, was man im Großen Hauptquartier für möglich gehalten hatte. Das wurde Erzberger von Hindenburg und Groener versichert, als er am 12. November wieder in Spa eintraf. Der Feldmarschall dankte ihm «für die ungemein wertvollen Dienste, die er dem Vaterland geleistet habe».

Die deutsche Delegation, isoliert im Wald von Compiègne, war kaum informiert, was sich in Deutschland während dieser Tage abspielte. Erzberger wußte nicht, ob er das Kaiserreich vertrat oder eine Republik, auch die Gültigkeit seiner Vollmacht schien fraglich geworden zu sein; auf alliierter Seite fragte man sich, ob Erzbergers Unterschrift noch einen Wert habe. Doch angesichts der prekären Situation waren beide Seiten daran interessiert, das Abkommen nicht an Formalitäten scheitern zu lassen. Das vom «Reichskanzler» (ohne Namensnennung) gezeichnete Telegramm vom 10. November, das Erzberger zur Unterzeichnung ermächtigte, wurde deshalb als ausreichende Legitimation anerkannt. Dabei stammte dieses Telegramm in Wirklichkeit von der OHL, weil am 10. November eine Verständigung mit Berlin unmöglich war: Die OHL, so erfuhr Erzberger nachträglich, «habe sich nicht nur berechtigt, sondern sogar verpflichtet gefühlt, die Genehmigung aus eigener Initiative zu geben; nachdem die Depesche abgegangen sei, habe der Reichskanzler zugestimmt und sich mit den getroffenen Maßnahmen einverstanden erklärt; auch sämtliche in Berlin anwesenden Parteiführer und Staatssekretäre hätten sich im Laufe des Sonntags [10.11.] zustimmend ausgesprochen».

Am 11. November um fünf Uhr früh unterzeichneten die Delegationen der beiden Seiten das Waffenstillstandsabkommen, das um elf Uhr dieses Tages in Kraft trat. Nach viereinviertel Jahren eines mörderischen Weltkriegs schwiegen nun die Waffen.

Wenn auch die Waffen schwiegen – der Krieg war damit nicht beendet. Die Dauer des Waffenstillstands war auf 36 Tage begrenzt; um ihn zu verlängern, mußte erneut verhandelt werden. Damit sowie mit allen Fragen der Durchführung des Waffenstillstands befaßte sich die im November institutionalisierte Waffenstillstandskommission mit Erzberger an der Spitze, ein Apparat mit Hunderten von Angestellten. Drei Mal wurde der Waffenstillstand verlängert, am 17. Dezember (bis 17. Januar 1919), am 16. Januar (bis 17. Februar) und am 16. Februar (auf unbegrenzte Frist). Die jeweiligen Verhandlungen, die in Trier stattfanden, benutzte Foch, um heftige Beschuldigungen wegen Nichteinhaltung der Waffenstillstandsbestimmungen vorzubringen und weitere Ansprüche geltend zu machen. Am 12. Dezember drohte Foch, die neutrale Zone auf dem rechten Rheinufer nördlich des Kölner Brückenkopfs und bis zur holländischen Grenze zu besetzen. Am 12. Januar okkupierten die Franzosen Kehl und besaßen damit einen weiteren Brückenkopf, am 14. Februar rückten die Belgier in Ruhrort und Meiderich ein. In den Trierer Abkommen vom 13. Dezember und 16. Januar wurden sämtliche Edelmetallbestände des Deutschen Reichs und der Reichsbank sowie alle ausländischen Wertpapiere und Guthaben in Deutschland blockiert, im Abkommen vom 16. Januar Deutschland zur Ablieferung von 58 000 neuen landwirtschaftlichen Maschinen verpflichtet, bei der Waffenstillstandsverlängerung am 16. Februar eine (für die Polen günstige) Demarkationslinie im deutschen Osten festgelegt.

Ein Hauptthema bei allen Verhandlungen bildete die Versorgung des infolge der Blockade hungernden Deutschland. Die Alliierten machten Lebensmittellieferungen davon abhängig, daß Deutschland seine Handelsflotte dem von London aus verwalteten Weltschiffsraum-Pool zur Verfügung stellte, was die deutsche Seite – unter dem Druck der deutschen Reeder – lange ablehnte, weil man eine faktische Beschlagnahme der deutschen Handelsschiffe befürchtete. Die deutsche Hartnäckigkeit in dieser Frage verzögerte den Abschluß eines Abkommens bis zum 14. März. Im April begannen die Alliierten mit Lebensmittellieferungen, und dem damit beauftragten amerikanischen Politiker (und späteren amerikanischen Präsidenten) Herbert Hoover gelang es, zwischen April und August 1919 1,26 Milliarden Tonnen Lebensmittel nach Deutschland zu schicken.

Mit diesen Bemerkungen sind wir dem Ablauf der Ereignisse weit vorausgeeilt. Blicken wir noch einmal auf die skizzierte Entwicklung zurück, so ist die fundamentale Bedeutung des auf deutsches Ersuchen zustandegekommenen Waffenstillstandsabschlusses zu betonen. Mit Recht ist gesagt worden, daß mit den Waffenstillstandsbedingungen der Versailler Vertrag geboren wurde. Dessen wirkliche Grundlage war die mit dem Etikett «Waffenstillstand» versehene faktische Kapitulation des Deutschen Reiches. Diese Kapitulation war das Endergebnis der Tätigkeit Hindenburgs und Ludendorffs. Zwischen einer unter solchen Bedingungen erfolgten Kapitulation und einem diktierten Frieden bestehen unzerreißbare Zusammenhänge. Wenn die militärischen Führer des kaiserlichen Deutschland diese Zusammenhänge anscheinend überhaupt nicht sahen – nämlich die unausweichlichen Konsequenzen eines viel zu späten Eingeständnisses der militärischen Niederlage und einer dann schlecht geplanten und überstürzt vorgenommenen Anrufung Präsident Wilsons –, so bewiesen sie damit ein erschreckendes Maß an politischem Illusionismus und Verkennung der politischen Wirklichkeit. Aber dieser bei den militärischen Führern subjektiv vorhandene Mangel an Einsicht in die politischen Konsequenzen ihrer Aktivität und ihrer Entscheidungen ändert nichts an der objektiven Tatsache, daß sie hauptverantwortlich sind nicht nur für das Ausmaß der militärischen Niederlage, sondern für eine unter demütigenden Umständen vollzogene Kapitulation, die einem Diktatfrieden den Weg ebnete.

Die «Großen Vier» im Gespräch
(von links nach rechts: Lloyd George, Orlando, Clemenceau, Wilson)
Foto: © CORBIS

Kapitel IV

Friedenschließen nach einem Weltkrieg:
Arbeit und Ergebnisse der Pariser Friedenskonferenz

Den auf der Pariser Friedenskonferenz versammelten Staats-
männern ist es nicht gelungen, eine einigermaßen stabile euro-
päische Friedensordnung oder ein Weltfriedenssystem zu errichten, das die Gewähr wenigstens relativer Dauer zu bieten
schien. Das Werk der «Friedensmacher» war daher von allem
Anfang an Gegenstand einer umfassenden Kritik. Besonders
vehement wurden die Friedensregelungen von den Besiegten
des Weltkriegs verurteilt – und hier vor allem vom deutschen
Volk –, aber auch in den Siegerstaaten fanden die Ergebnisse der
Friedenskonferenz keinen uneingeschränkten Beifall: Den einen
erschienen die Bestimmungen der Friedensverträge zu hart, den
anderen gingen sie nicht weit genug.

Aus größerer zeitlicher Distanz und in Kenntnis der inzwischen zugänglichen Quellen ist man heute überwiegend geneigt,
den Friedensmachern von 1919 mehr Verständnis entgegen-
zubringen, denn die Voraussetzungen des Friedenschließens
hatten sich, verglichen mit den Bedingungen, unter denen im
19. Jahrhundert die großen Friedensschlüsse zustande kamen,
in einschneidender Weise verändert. Daher standen die Friedensmacher von 1919 vor einer Aufgabe ohne Beispiel. Es sind
vor allem drei Komponenten, die in bisher nie da gewesener
Weise die Voraussetzungen des Friedenschließens bestimmten.

Erstens: Der Krieg war tendenziell, auch was die vollständige
Mobilisierung des gesamten Wirtschaftspotentials anbetrifft,
bereits ein «totaler Krieg» – wenn man «total» nicht als abso-
luten Begriff versteht, sondern ihn darauf bezieht, was innerhalb der Möglichkeiten und Erfahrungen einer bestimmten Zeit
an Totalität realisierbar ist. Die Transformation des Krieges in

einen totalen Krieg beeinflußte die Ausgangslage der Friedensverhandlungen in doppelter Weise. Zum einen: Über vier Jahre
lang hatten auf beiden Seiten die Propagandamaschinerien
durch eine bis dahin ungekannte Intensität des publizistischen
Trommelfeuers die nationalen Leidenschaften mobilisiert und
dem Krieg immer stärker den Charakter eines Kreuzzugs für bestimmte Ideale und Ideologien zu verleihen versucht – mit der
sich daraus ergebenden Konsequenz einer Verteufelung der jeweiligen Feindnationen. Die alliierten Staatsmänner, die jahre-
lang die Not verteidigt und das Durchhalten gepredigt hatten,
konnten und wollten angesichts der emotionsgeladenen und erwartungsvollen Stimmung in ihren Nationen nicht auf die Ge-
winne des Krieges verzichten, auf die ihre Völker hofften. Selbst
ein dezidierter Kritiker der Friedensmacher von 1919, der britische Diplomat und Konferenzteilnehmer Harold Nicolson, hat
eingeräumt: «Die Stimmung jener Zeit vorausgesetzt und die
leidenschaftliche Erregung, die sich in den vier Kriegsjahren
aller Demokratien bemächtigt hatte, wäre es auch für Übermen-
schen unmöglich gewesen, einen Frieden der Mäßigung und Gerechtigkeit zu ersinnen.» Die Ausgangslage für die Friedensverhandlungen war insofern nur begrenzt unter der Kontrolle und
Verfügbarkeit der Staatsmänner der Siegermächte.

Zum andern: Der Totalität des Krieges korrespondierte eine
Totalität der Niederlage Deutschlands und seiner Verbündeten.
Weil das Deutsche Reich erst im Moment der Kampfunfähigkeit
kapituliert hatte, stellte es bei der Liquidierung des Krieges keinen Verhandlungspartner dar, der – zur Wiederaufnahme der
Kampfhandlungen fähig – die Siegermächte zur Mäßigung im
Sieg hätte zwingen können. Die Ambitionen der Sieger trafen
vielmehr auf ein nahezu ausgelöschtes militärisches Potential
des Gegners und ließen sich daher ohne allzu großen Einsatz
und ohne erhebliches Risiko durchsetzen. Hinzu kam, daß es
am Ende dieses Krieges auch keine mächtigen Neutralen mehr
gab, die bei den Friedensverhandlungen ihr Gewicht – vermittelnd oder mit der Drohung der Intervention – zugunsten
der Besiegten in die Waagschale hätten werfen können, um so
mäßigend auf die Sieger einzuwirken. Nicht zuletzt aufgrund

der Totalität des Sieges mußte sich zwangsläufig die Qualität der Friedensverhandlungen verändern.

Zweitens: Der von 1914 bis 1918 ausgetragene Krieg war tatsächlich ein «Weltkrieg», in dem nicht nur alle großen Nationen Europas engagiert waren, sondern auch zahlreiche Mächte außerhalb Europas, vor allem die USA und Japan, aber auch die britischen Dominions Australien, Neuseeland, Südafrika und Kanada. Die direkte oder indirekte Einbeziehung der Mehrzahl aller Völker und Staaten der Erde in das Kriegsgeschehen verlangte daher auch Friedensregelungen, die unter Beteiligung aller dieser Staaten zustande kamen und bei denen eine Fülle von Fragen zu entscheiden war. 1918/19 mußte die «Welt» neu geordnet werden.

Gewiß existierte von vornherein eine Reihe unbestrittener Prioritäten. Daß die Auseinandersetzung mit dem besiegten Deutschland das zentrale Thema der Friedenskonferenz sein würde, stand von Anfang an fest. Aber die weiteren Fragen spielten doch eine wesentlich größere Rolle, als man damals in Deutschland annahm oder wahrhaben wollte. Eine Liste dieser Probleme von teils globaler, teils regionaler Bedeutung macht die zahlreichen Schwierigkeiten sichtbar, mit denen die Verhandlungen, die zu einem «Weltfrieden» führen sollten, belastet waren. Gleichsam als Generalbaß begleitete das sorgenvolle «Was wird aus Rußland?» die Erörterungen auf der Friedenskonferenz. Die Absicht der – ja durchweg kapitalistischen – Siegerstaaten, die Sowjetmacht zu beseitigen, führte einerseits zur alliierten Intervention im russischen Bürgerkrieg, sie wirkte sich andererseits aus auf die Beratungen über die Neuordnung im ostmitteleuropäischen und südosteuropäischen Raum, der künftig auch die Funktion einer Barriere gegenüber Sowjetrußland erfüllen sollte. Vor allem Frankreich suchte hier einen gewissen Ersatz für den Wegfall seines früheren Alliierten Rußland zu finden und einen «cordon sanitaire» zwischen Deutschland und Sowjetrußland zu schaffen.

Doch nicht nur im mittel- und osteuropäischen Raum waren schwierige Fragen zu lösen. Komplizierte Probleme stellten sich auch im Adriaraum, wo Italien und das zum «Königreich der

Serben, Kroaten und Slowenen» erweiterte Serbien um die Vorherrschaft stritten; im Nahen Osten, wo über die Erbmasse des Osmanischen Reiches zu befinden war; in Ostasien, wo der japanische Imperialismus seinen Vormarsch begann; nicht zuletzt mußte über den deutschen Kolonialbesitz entschieden werden.

Drittens: Es war eine Mächtekoalition, die den Sieg davontrug, eine Koalition zudem, in der keine Macht so eindeutig dominierte, daß sie den Partnern den Kurs bei der Liquidierung des Krieges autoritativ hätte vorschreiben können. Nach allen historischen Erfahrungen steht eine Koalition von Mächten beim Friedenschließen vor einer härteren Bewährungsprobe als im Kriege selbst, denn während des Krieges pflegt der Wille, den Kampf durchzustehen und den Sieg davonzutragen, über die notwendigerweise vorhandenen Meinungsdifferenzen zu triumphieren. Auch im Ersten Weltkrieg wurden die Meinungsdifferenzen innerhalb der Koalition dem gemeinsamen Ziel der siegreichen Kriegsbeendigung untergeordnet. Als dieses Ziel erreicht war, traten frühere Rivalitäten wieder stärker in den Vordergrund, und neue Streitfragen kamen hinzu. Angesichts dieser nun aufbrechenden Interessengegensätze war es nicht erstaunlich, daß man auf der Pariser Friedenskonferenz mehr Aufmerksamkeit, Mühen und Anstrengungen darauf verwandte, eine Einigung unter den alliierten Mächten herbeizuführen bzw. die Basis für ein gemeinsames Vorgehen gegenüber den Besiegten zu erhalten, als in echte Verhandlungen mit den niedergerungenen Gegnern einzutreten.

Als eine schwere Hypothek für die Friedensverhandlungen erwiesen sich auch die zwischen einzelnen Mächten der Siegerkoalition während des Krieges abgeschlossenen geheimen Abmachungen, die exzessive territoriale Kriegszielforderungen vertraglich absegneten. Zu nennen sind vor allem der Londoner Vertrag vom 26. April 1915 und das Sykes-Picot-Abkommen vom Mai 1916. Im Londoner Vertrag sicherten Frankreich, Großbritannien und Rußland dem bis dahin neutralen Italien für den Fall des Kriegseintritts an der Seite der Ententemächte umfangreiche Gebietserwerbungen auf Kosten der Habsburgermonarchie zu: Trentino und Südtirol bis zum Brenner, Triest, die Markgrafschaften Görz und Volosca, Istrien und große Teile Dalmatiens sowie zahlreiche Inseln in der nördlichen Adria. Ferner sollte Italien nicht nur die volle Souveränität über die Inseln des Dodekanes erhalten, sondern im Falle einer gänzlichen oder teilweisen Aufteilung der asiatischen Türkei einen angemessenen Anteil in dieser Region.

Das nach den beiden Unterhändlern, dem Briten Mark Sykes und dem französischen Diplomaten Charles François Georges-Picot, benannte Sykes-Picot-Abkommen fixierte die geplanten territorialen Erwerbungen Frankreichs und Großbritanniens bei der beabsichtigten Aufteilung des Osmanischen Reiches. Frankreich wurde die syrische Küstenregion einschließlich des Libanon garantiert, ferner eine exklusive Einflußzone bis hin zur ölreichen Provinz Mossul. Großbritannien sollte die Provinzen Bagdad und Basra mit einer angrenzenden Einflußzone westlich davon erhalten, außerdem die Mittelmeerstützpunkte Akko und Jaffa; mit Ausnahme dieser beiden Häfen sollte Palästina internationalisiert werden, wobei vage blieb, wie hier die Verwaltung organisiert würde.

Der Londoner Vertrag und das Sykes-Picot-Abkommen sowie ähnliche Vereinbarungen mit Rumänien (1916) und Griechenland (1917) waren Geheimverträge, an denen die USA nicht nur nicht beteiligt waren, sondern die der amerikanischen Regierung auch unbekannt blieben, bis die Bolschewiki nach der Oktoberrevolution die in den Archiven des Zarenreiches vorgefundenen Geheimverträge publik machten.

Fraglos bildeten die in vertragliche Form gekleideten weitreichenden Vereinbarungen eine schwere Vorbelastung der Pariser Friedenskonferenz. Es handelte sich um Akte reiner Machtpolitik, sie waren nicht in Einklang zu bringen mit dem Grundsatz des Selbstbestimmungsrechts, den Wilson mit Nachdruck verfocht und den er in sein Friedensprogramm aufnahm, das im Verlauf des Notenwechsels mit der deutschen Regierung im Oktober 1918 von allen Seiten als Grundlage der Friedenskonferenz anerkannt wurde.

Die Diskrepanz zwischen dem ideellen Gehalt von Wilsons Friedensprogramm und den nationalen Machtinteressen der be-

teiligten Staaten gab den Pariser Verhandlungen weithin das
Gepräge. Aus diesem Spannungsverhältnis von machtpolitischen Zielsetzungen einerseits, ideologischen Postulaten andererseits erwuchsen zahlreiche der konkreten Streitpunkte auf
der Friedenskonferenz.

Die wichtigsten Konfliktfelder, auf denen während der Friedenskonferenz die Gegensätze zwischen einzelnen Siegerstaaten
offen zutage traten oder gar hart aufeinanderprallten, seien
kurz bezeichnet. Die Auseinandersetzungen zwischen Italien
und dem Königreich der Serben, Kroaten und Slowenen gipfel-
ten in dem heftigen Streit um Fiume (Rijeka), dem neben Triest
bedeutendsten Hafen in der nördlichen Adria, der im Londoner
Vertrag Italien nicht zugesprochen worden war. Die italienischen Delegierten führten in Paris eine massive Kampagne, um
die Souveränität oder wenigstens die Verwaltungshoheit über
das überwiegend von Slawen bewohnte Fiume zu erlangen, und
forderten schließlich von Wilson, Clemenceau und Lloyd George ultimativ eine Entscheidung zugunsten der italienischen Ansprüche. Doch sie scheiterten damit vor allem an Wilson, der
entschieden für das Selbstbestimmungsrecht der südslawischen
Mehrheit eintrat und seine Auffassung auch öffentlich kundtat.
Die italienischen Delegierten reisten daraufhin Ende April em-
pört aus Paris ab und boykottierten über zwei Wochen die Konferenz, sie erreichten damit aber nur eine Schwächung der italienischen Position.

Im Nahen Osten ging es um die Aufteilung des osmanischen
Reiches, und dabei traten englisch-französische Gegensätze
ebenso hervor wie Ansprüche von italienischer, arabischer und
zionistischer Seite; auch der griechisch-türkische Gegensatz erhielt dem Vorderen Orient weiterhin den Charakter eines per-
manenten Krisenherdes und führte dann 1920 zum bewaffneten
Konflikt, der 1922 mit der Niederlage Griechenlands endete.

Im Fernen Osten hatte Japan 1914 mit der Besetzung des
deutschen Pachtgebiets Kiautschou im chinesischen Kernland
Fuß gefaßt und suchte diese Festlandsposition nun auszubauen.
In Verbindung mit der alliierten Intervention in Rußland während des russischen Bürgerkrieges konnte Japan vorübergehend

sein Macht- und Besetzungsgebiet auf das fernöstliche Sibirien ausdehnen, setzte sich dann aber die direkte oder indirekte Erwerbung von Teilen Chinas zum Ziel. Gegen Wilsons hartnäckiges Sträuben – aus Sicht der Amerikaner stand das Selbstbestimmungsrecht der Chinesen auf dem Spiel – konnte Japan durchsetzen, daß die ihm von den europäischen Westmächten vertraglich zugesicherten ehemals deutschen Rechte in der Kolonie Kiautschou und auf der Halbinsel Schantung definitiv übertragen wurden. Mit großer Sorge verfolgten vor allem die USA die Expansion der neuen ostasiatischen Großmacht. Jene Konstellation, die dann in der Vorgeschichte des Zweiten Weltkriegs zum vollen Durchbruch kam, wird bereits in den Auseinandersetzungen am Ende des Ersten Weltkriegs sichtbar.

Schon dieser knappe Überblick über die wesentlichen Probleme beim Friedenschließen nach dem Ersten Weltkrieg macht deutlich, weshalb die Friedensmacher von 1919 vor einer beispiellosen Aufgabe standen. Die «irreparablen Umstände», die der Krieg geschaffen hatte und die die Voraussetzungen des Friedenschließens bestimmten, die bis dahin ungekannte Dimension einer globalen Friedensgestaltung, die beschränkte Handlungsfreiheit der beteiligten Staatsmänner – dies alles machte es extrem schwierig, wenn nicht gar schlechthin unmöglich, zu wirklich haltbaren Lösungen zu gelangen. Zugleich vermag unsere Problemskizze verständlich zu machen, warum in Paris nicht *mit* den Besiegten verhandelt wurde, sondern *über* sie. Erst als die Artikel des Friedensvertrags mit Deutschland im wesentlichen fertig formuliert waren, erhielt die deutsche Regierung Ende April die Aufforderung, Delegierte zu entsenden, wie zu berichten sein wird.

Daß sich im Lauf des November 1918 die Hauptalliierten auf Paris als Tagungsort der Friedenskonferenz einigten, war eine Entscheidung von erheblicher Tragweite, denn damit fielen die organisatorische Vorbereitung und die Leitung der Konferenz in die Hände des französischen Ministerpräsidenten Clemenceau, der auch maßgeblichen Einfluß auf Presse und öffentliche Meinung nehmen konnte – in einer Stadt, die noch wenige Monate zuvor in der Reichweite deutscher Geschütze gelegen hatte und in der eine Atmosphäre herrschte, wo – wie ein amerikanischer Konferenzteilnehmer festhielt – «die deutsche Schuld als bewiesene Tatsache galt. Jedermann hatte Angst, für deutschfreundlich erklärt zu werden.» Die Wahl von Paris als Tagungsort war nicht von vornherein selbstverständlich. Lloyd George und Wilson hatten zunächst eine Stadt in einem neutralen Staat ins Auge gefaßt; von Genf oder Lausanne war die Rede. Doch sie beugten sich rasch dem Argument Clemenceaus, Frankreich, das am meisten erduldet habe und Schauplatz der heftigsten Kämpfe gewesen sei, müsse die Ehre zuteil werden, seine Hauptstadt als Sitz der Konferenz auserlesen zu sehen.

In den Novembertagen fiel eine weitere Entscheidung von großer Tragweite: Präsident Wilson entschloß sich, persönlich an der Konferenz teilzunehmen und zu diesem Zweck – als erster amerikanischer Präsident – nach Europa zu reisen – gegen die eindringlichen Warnungen seines Außenministers Robert Lansing und anderer Berater. Offensichtlich war Wilson überzeugt, nur durch seinen persönlichen Einfluß auf die Delegierten würden ein gerechter Friede und das ihm besonders am Herzen liegende Projekt der Schaffung eines Völkerbunds zustande zu bringen sein. Er nahm dabei in Kauf, daß er – obwohl einziges Staatsoberhaupt unter den Hauptdelegierten – dem Ministerpräsidenten des gastgebenden Landes den Vorsitz der Konferenz überlassen mußte. Ob die besonders von Lansing scharf kritisierte Anwesenheit des amerikanischen Präsidenten auf der Friedenskonferenz wirklich so nachteilige Auswirkungen hatte, wie Lansing meinte, erscheint zweifelhaft. Daß Wilson – so Lansing – von Washington aus die Friedensbedingungen hätte «diktieren» können, ist eine abwegige Auffassung. Liest man die Protokolle über die Sitzungen des «Rates der Vier», vermag man sich nur schwer vorzustellen, wie die Diskussionen verlaufen wären, hätte nicht der amerikanische Präsident, sondern dessen Außenminister diesem Gremium angehört. Darauf ist zurückzukommen. Am 4. Dezember begab sich Wilson an Bord der «George Washington» zur Reise über den Atlantik. Am 14. Dezember traf er in Paris ein und besuchte in den Dezembertagen auch London und Rom, wo ihm ein triumphaler Emp-

fang bereitet wurde, was ihm zweifellos wohltat, hatte er doch
wenige Wochen zuvor im eigenen Land eine herbe Niederlage
erlitten: Bei den Zwischenwahlen am 5. November verlor seine
Demokratische Partei ihre Mehrheit in beiden Häusern des
Kongresses (hingegen gingen Lloyd George und die von ihm ge-
führte Koalition gestärkt aus den «Khaki-Wahlen» vom 14. Dezember hervor).

Was in den November- und Dezembertagen jedoch *nicht*
geschah, war eine Verständigung der Hauptalliierten über ein
hinreichend klares gemeinsames Programm für die Friedensverhandlungen oder wenigstens über eine Tagesordnung der Konferenz. Zu Recht wurde geurteilt, weder vor noch nach dem Abschluß des Waffenstillstandsabkommens sei die Friedenskonferenz in einer der Größe ihrer Aufgabe angemessenen Weise
vorbereitet worden. Rückblickend hat selbst Wilsons engster
Berater Oberst House eingestanden: «Der große Fehler der politischen Führer war ihr Versäumnis, einen Arbeitsplan zu ent-
werfen.» Erst mehr als zwei Monate nach Abschluß des Waffenstillstands erfolgte am 18. Januar die feierliche Eröffnung der
Friedenskonferenz im Uhrensaal des französischen Außenmini-
steriums. Der 18. Januar wurde mit Bedacht gewählt; es war der
48. Jahrestag der deutschen Kaiserproklamation, worauf der
französische Staatspräsident Raymond Poincaré in seiner Be-
grüßungsrede deutlich hinwies und der Konferenz damit schon
die Marschroute vorzugeben suchte: «Vor 48 Jahren, genau auf
den Tag, am 18. Januar 1871, wurde das Deutsche Reich von
einer Invasionsarmee im Schloß von Versailles ausgerufen. Es
empfing seine erste Weihe durch den Raub zweier französischer
Provinzen. Es war somit befleckt schon in seinem Ursprung,
und durch den Fehler seiner Gründer trug es in sich den Todes-
keim. In Ungerechtigkeit geboren, hat es in Schmach geendet.
Sie sind versammelt, um das Übel wiedergutzumachen, das es
angerichtet hat, und um seine Wiederkehr zu verhüten. Sie halten in Ihren Händen die Zukunft der Welt.»

Auf Vorschlag Wilsons wählten die Delegierten den französischen Ministerpräsidenten Clemenceau zum Präsidenten der
Konferenz, über deren Organisation kurz Auskunft zu geben ist.

Die Vollversammlung – mit über tausend Beteiligten kaum arbeitsfähig – trat nur wenige Male zusammen. Als wichtigstes Entscheidungsgremium fungierte in der ersten Konferenzphase, bis etwa Mitte März, der «Rat der Zehn»; ihm gehörten die Regierungschefs und Außenminister der USA, Großbritanniens, Frankreichs und Italiens sowie zwei Vertreter Japans an. Nach zehnwöchiger Dauer der Konferenz konstituierte sich am 24. März der «Rat der Vier»: Wilson, Clemenceau, Lloyd George und der italienische Ministerpräsident Orlando berieten und entschieden hier alle heiklen Probleme ohne ihre Außenminister und ohne die Vertreter Japans, das an den europäischen Streitfragen wenig interessiert war und sich darauf konzentrierte, seine chinesische Beute festzuhalten. Der «Rat der Vier» trat länger als drei Monate hindurch fast täglich und gelegentlich mehrmals täglich zusammen; er hielt insgesamt 148 Sitzungen ab. Dieses Gremium der höchsten politischen Autoritäten der stärksten Mächte der Welt besaß für drei Monate eine imposante Zuständigkeit nicht nur bei der Vorbereitung der Friedensverträge mit Deutschland und den anderen Kriegsgegnern der Alliierten, sondern in allen bedeutsamen Fragen, welche die Pazifizierung Europas, die Ereignisse in Rußland und die Regelungen für die außereuropäischen Räume betrafen. So verhandelte man – um ein Beispiel zu geben – an einem einzigen Tag (16. April) über den Nord-Ostsee-Kanal, die Zukunft der baltischen Staaten und die belgisch-deutsche Grenze, in Verbindung mit der belgischen Forderung einer holländischen Gebietsabtretung an Belgien, wofür die Niederlande durch eine deutsche Gebietsabtretung (Ostfriesland) entschädigt werden sollten. Alle strittigen Fragen, bei denen die Außenminister und ihre Berater nicht zu einer Übereinstimmung und zu endgültigen Entschlüssen kamen, wurden in letzter Instanz im «Rat der Vier» erörtert und entschieden. Es charakterisiert die schwer auf einen Nenner zu bringenden divergierenden Interessen der Verhandlungspartner, daß eine so große Zahl von Problemen vor den «Rat der Vier» gebracht werden mußte. Wie dramatisch die Diskussionen in diesem Gremium häufig verliefen, spiegelt sich in anschaulicher Weise in den vom französischen Dolmetscher Paul

Mantoux veröffentlichten Protokollen, einer der aussagekräftigsten Quellen zur Pariser Friedenskonferenz.

Da Orlando sich – abgesehen von der Adriafrage – stark zurückhielt und ab 24. April an den Sitzungen nicht mehr teilnahm, waren es Wilson, Clemenceau und Lloyd George, die jene Kompromisse erkämpften, auf denen das Vertragswerk ruhte – Kompromisse nicht zwischen Siegern und Besiegten, sondern zwischen den führenden Repräsentanten der Siegerallianz. Unter den «Großen Drei» (Durchschnittsalter 66 Jahre) war der achtundsiebzigjährige Clemenceau der Älteste. Arzt von Beruf, hochgebildet, ein leidenschaftlicher Redner, seit fünfzig Jahren politisch aktiv als entschiedener Republikaner im Geist der Ideale von 1789, verband er brutalen Machtwillen mit politischem Instinkt. Nicht von ungefähr trug er den Beinamen «Der Tiger». Gestählt in unzähligen parlamentarischen Schlachten hatte er im November 1917 in kritischer Situation das Amt des Ministerpräsidenten übernommen und mit unbeugsamer Energie den Durchhaltewillen der Franzosen forciert. Nach dem November 1918 galt er in Frankreich als «Vater des Sieges». Die Verhandlungen der Konferenz kontrollierte er mit überlegener taktischer Geschicklichkeit, die Augen oft halb geschlossen, die Hände wegen einer Hautkrankheit in grauen Lederhandschuhen. Die Verletzung, die er beim Revolverattentat eines Anarchisten am 19. Februar erlitt, überwand er mit eiserner Energie und nahm schon nach kurzem die Arbeit wieder auf.

Der dreiundsechzigjährige amerikanische Präsident Wilson war zweifellos die komplizierteste Natur unter den «Großen Drei». Professor der Politischen Wissenschaften an der Princeton University und Präsident dieser Universität, wurde der kämpferische Demokrat 1911 Gouverneur des Staates New Jersey und 1912 zum 28. Präsidenten der Vereinigten Staaten gewählt (Wiederwahl 1916). Wurzelnd in den religiösen Überzeugungen altenglischen Quäkertums erstrebte er die Schaffung einer neuen Ordnung des Rechts und der Gerechtigkeit zwischen den Völkern und ging nach Paris mit der festen Entschlossenheit, für das mit seinem Namen verbundene Friedensprogramm zu kämpfen. Aber seine Neigung zu Starrheit, Prinzipienstrenge und moralistischer Überspannung erleichterte ihm seine Aufgabe nicht und befremdete allzu oft seine Verhandlungspartner. Weil er – in realistischer Einsicht in den Zwang zum Kompromiß – von vielen seiner ursprünglichen Vorstellungen Abstand genommen hat, war sein Bild (insbesondere in Deutschland) lange dunkel umschattet. In Kenntnis der Quellen läßt sich heute jedoch nicht mehr bestreiten, daß er in Energie und Sachvertrautheit seinen Gegenspielern nicht unterlegen war und mit starkem persönlichen Einsatz eine noch drastischere Gestaltung einzelner Bestimmungen des Friedensvertrags verhinderte.

Lloyd George, der sechsundfünfzigjährige Waliser, ein Mann von dynamischer Agilität und beweglichem Geist, verband den Sinn für Macht mit persönlichem Charme und glänzender Eloquenz. Seit 1905 Minister in liberalen Kabinetten und nach Kriegsbeginn maßgeblicher Organisator der britischen Kriegswirtschaft, führte er seit Ende 1916 das Amt des Premierministers in einem Koalitionskabinett von Liberalen und Konservativen mit fester Hand und wurde zur Verkörperung des entschlossenen britischen Kriegswillens (Knock-out victory). Auf der Friedenskonferenz verfocht er mit Härte die britischen Interessen, aber auf vielen Feldern agierte er geschickt vermittelnd zwischen den Positionen Wilsons und Clemenceaus.

Unterhalb der obersten Ebenen «Rat der Vier» und «Rat der Außenminister» waren die Ausschüsse tätig, in denen Vertreter der Großmächte und der übrigen Siegerstaaten zusammenarbeiteten, und ihnen gingen wiederum vielköpfige Beraterstäbe zur Hand. Insgesamt über 10 000 Personen waren an den Beratungen beteiligt, allein die Delegation der USA zählte über 1000 Personen. Bereits in der zweiten Vollsitzung der Konferenz am 25. Januar wurden fünf Ausschüsse eingesetzt, die sich mit folgenden Themen zu befassen hatten: Völkerbund (in diesem Ausschuß führte der amerikanische Präsident persönlich den Vorsitz); Verantwortlichkeit am Krieg und Verletzung der Kriegsgesetze; Reparationen, Internationale Gesetzgebung über Industrie- und Handelsfragen, Internationale Kontrolle von Häfen, Wasserstraßen und Eisenbahnen. Im Lauf der folgenden Wochen wurden ad hoc weitere Ausschüsse ins Leben gerufen, so daß gegen Ende der Konferenz 58 Ausschüsse arbeiteten, die insgesamt 1646 Sitzungen abhielten und ihre Ergebnisse dem Rat der Außenminister und dem Rat der Vier vorlegten. Es versteht sich von selbst, daß die fortlaufende Koordinierung der Tätigkeit so vieler Ausschüsse und die Zusammenfassung und Auswertung ihrer Arbeitsergebnisse ein schwieriges Problem darstellten, das nicht durchweg zufriedenstellend gelöst werden konnte. Die Arbeiten dieser Ausschüsse bereiteten größtenteils die Lösung der einzelnen Sachfragen vor und vermochten bisweilen auch deren endgültige Behandlung wesentlich zu beeinflussen. Der Tätigkeit der Ausschüsse muß daher erhebliche Bedeutung im Hinblick auf manche Einzelheiten der inhaltlichen Gestaltung und der Formulierung der Friedensverträge beigelegt werden.

Für Wilson besaß die Schaffung des Völkerbunds oberste Priorität. Mit dieser Institution wollte er den Grundstein legen für eine universale Friedensordnung auf der Grundlage des Rechts und eines friedlichen Ausgleichs zwischen den Völkern. Der Völkerbund war deshalb für ihn der «Schlüssel des ganzen Friedens». Mit dieser Konzeption einer künftigen Weltfriedensordnung stand Wilson keineswegs völlig allein; der südafrikanische Ministerpräsident Jan Smuts etwa leistete mit seiner Denkschrift vom Dezember 1918 wichtige gedankliche Vorarbeit für die Errichtung eines Völkerbunds. Um diesen zustande zu bringen, war Wilson zu manchen Opfern bereit. Dabei leitete ihn die Überzeugung, alle momentan notwendigen Abweichungen von seinen Prinzipien könnten durch das Wirken des Völkerbunds allmählich wieder rückgängig gemacht werden («The covenant will put that right»).

Gegenüber den anfänglich widerstrebenden europäischen Politikern setzte Wilson seine Absicht durch, die Schaffung des Völkerbunds ganz an den Anfang der Konferenzarbeit zu stellen. Schon am 25. Januar, in der zweiten Vollsitzung der Konferenz, wurde einstimmig die Resolution angenommen, die die wichtigsten Aufgaben und Organisationsprinzipien der neuen Institution festlegte; sie enthielt außerdem den Satz, die Völkerbundssatzung solle einen integralen Bestandteil des allgemeinen

Friedensvertrags bilden. Wenige Tage später begann der von der Vollversammlung eingesetzte Ausschuß unter Vorsitz Wilsons mit seinen Beratungen und legte dem Plenum am 14. Februar den Entwurf der Völkerbundssatzung vor. Einen Tag später verließ Wilson Paris zu einem aus innenpolitischen Gründen erforderlichen einmonatigen Aufenthalt in den USA. Nach Vornahme einiger sachlicher und stilistischer Veränderungen am Entwurf wurde die aus 26 Artikeln bestehende Völkerbundssatzung von der Vollversammlung am 28. April endgültig angenommen.

Das Organisationsschema des Völkerbunds war einfach und klar: Die Vollversammlung aus Vertretern aller Mitgliedsstaaten trat in regelmäßigen Abständen zusammen. Der Völkerbundsrat, dem die Großmächte als ständige Mitglieder sowie einige weitere nichtständige Mitglieder angehörten, tagte nach Bedarf, jedoch mindestens einmal im Jahr. Ferner gab es ein permanentes Sekretariat, das seinen Sitz in Genf hatte, wo auch die Vollversammlungen und der Rat ihre Sitzungen abhielten.

Die Völkerbundssatzung garantierte den Mitgliedsstaaten territoriale Integrität und politische Unabhängigkeit (Art. 10). Die Möglichkeit einer «Nachprüfung der unanwendbar gewordenen Verträge» (Art. 19) war dadurch von vornherein eingeschränkt auf nicht-territoriale Probleme. Der Völkerbund wurde so zum Garanten des durch die Friedensverträge geschaffenen territorialen Status quo, worauf Frankreich und die kleineren Staaten größten Wert legten, während es den Verlierern des Krieges unmöglich war, ihre Revisionsbemühungen im Rahmen des Völkerbunds zu verfolgen. Jeder Mitgliedsstaat besaß das Recht, von Rat und Vollversammlung eine Diskussion über Differenzen zu verlangen, die zwischen ihm und einem anderen Mitglied entstanden waren. Zur Beilegung von Konflikten wurden verschiedene Möglichkeiten vorgesehen: Debatte in Rat und Vollversammlung, Schiedsverfahren, Urteile des Internationalen Gerichtshofs. In keinem Fall durfte vor Ablauf einer Frist von drei Monaten nach dem Spruch der Schiedsrichter oder dem Bericht des Rates zum Kriege geschritten werden (Art. 12). Gegen denjenigen, der den Krieg unter Verletzung der Satzung eröffnete, richteten sich Sanktionen aller übrigen Völkerbundsmitglieder; sie reichten vom wirtschaftlichen Boykott bis zu gemeinsamen militärischen Aktionen (Art. 16). Die bisherigen deutschen Kolonien und Teile des osmanischen Reiches wurden in der Form einer vom Völkerbund verliehenen Treuhänderschaft («Mandate») der Verwaltung einzelner Siegermächte unterstellt, aber gleichzeitig das Prinzip einer anzustrebenden Entwicklung dieser Gebiete zu sich selbst verwaltenden Einheiten proklamiert (Art. 22).

Zweifellos ist der Versuch, mit der Schaffung des Völkerbunds ein weltweites System kollektiver Sicherheit zu errichten, als die eigentlich weiterweisende Idee der Friedenskonferenz anzusehen. Aber die neue Institution entpuppte sich doch rasch als ein schwaches und problematisches Gebilde, das die großen Erwartungen nur zu einem kleinen Teil erfüllte und schließlich nur noch ein Schattendasein führte. Diese Entwicklung war bei der Errichtung des Völkerbunds nicht unbedingt vorauszusehen und kaum zwangsläufig vorgegeben; spätere Vorgänge und Entwicklungen haben dazu nicht wenig beigetragen.

Besonders gravierend wirkte sich die Tatsache aus, daß ausgerechnet die USA, deren Präsident den Völkerbund als Angelpunkt eines organisierten Friedens betrachtete, dem Völkerbund nicht beitraten, weil die Ratifizierung des Friedensvertrags im amerikanischen Senat scheiterte. Ferner blieb die Sowjetunion lange außerhalb des Völkerbunds (Beitritt 1934), und auch die besiegten Staaten wurden nicht, wie Wilson zunächst beabsichtigt hatte, sofort aufgenommen. Der Völkerbund trat daher als ein Bund der Siegerstaaten ins Leben. Frankreich sah in ihm primär ein Instrument zur Erhaltung und Befestigung der eigenen Machtstellung, England suchte ihn im Rahmen seiner kontinentalen Gleichgewichtspolitik einzusetzen. Jene «Revolution der Außenpolitik», welche die Errichtung des Völkerbunds nach dem Willen Wilsons und der Anhänger der Völkerbundsidee bewirken sollte, fand nicht statt. Auch nach 1918 verlief die Außenpolitik ganz überwiegend in den Bahnen nationalstaatlicher Machtpolitik und einer sie abstützenden bilateralen und multilateralen Bündnispolitik wie vor 1914.

Wenn Wilson so großes Gewicht auf die vorrangige Behandlung des Themas Völkerbund legte, dann auch deshalb, weil ihm seit Oktober klar zu werden begann, daß es bei den Friedensverhandlungen zu schwierigen Debatten und erheblichen Spannungen zwischen den Mächten der siegreichen Allianz kommen würde. Nicht nur Franzosen und Engländer, auch die übrigen Alliierten zeigten sich entschlossen, ohne Rücksicht auf Wilsons Friedensprogramm, das in den Vierzehn Punkten und mehreren Reden formuliert war, ihre speziellen Forderungen und Interessen in möglichst weitem Umfang durchzusetzen.

Frankreich war zwar siegreich geblieben – aber um welchen Preis! Es hatte nicht nur 1,4 Mill. Menschen auf den Schlachtfeldern verloren, sondern im Norden und Nordosten des Landes gewaltige Zerstörungen erlitten: 2 Mill. Hektar Kulturland waren verwüstet, über 200 000 Häuser zerstört, weitere 120 000 beschädigt; 60 000 Kilometer Straße und 5600 Kilometer Eisenbahnstrecke mußten wiederhergestellt werden; mit vier Milliarden Dollar war Frankreich bei den USA verschuldet, mit drei Milliarden bei Großbritannien.

In Frankreich herrschte Einmütigkeit, daß sich eine Situation wie die, in der sich das Land zwischen 1914 und 1918 befunden hatte, nie mehr wiederholen dürfe und daß deshalb die strukturelle Überlegenheit Deutschlands durch den Frieden so weit wie irgend möglich reduziert werden müsse. Infolgedessen legten die französischen Staatsmänner ihrer Verhandlungsstrategie eine Sicherheitsdoktrin zugrunde, die in umfassender Weise geopolitische, strategische, bevölkerungspolitische und wirtschaftliche Zielsetzungen bündelte. Konkret bedeutete dies: Erzwingung umfangreicher Gebietsabtretungen im Westen und Osten des Reichs; drastische Rüstungsbeschränkungen und gewaltige Reparationsverpflichtungen Deutschlands; Aufbau eines festgefügten französischen Bündnissystems insbesondere in Osteuropa («cordon sanitaire»); Stärkung der französischen Verbündeten auf Kosten Deutschlands. Vor allem dem im Krieg wiedererstandenen polnischen Staat war dabei, insbesondere nach dem Verlust des russischen Bündnispartners, eine Schlüsselrolle zugedacht. Polen, aufgrund der gegebenen machtpolitischen Konstellation, aber auch aufgrund der traditionellen polnisch-französischen Sympathien nach Frankreich orientiert, sollte – territorial vergrößert und mit allen verfügbaren Mitteln aufgerüstet – zu einem mächtigen Bollwerk sowohl gegen Deutschland wie gegen die Sowjetunion ausgebaut werden. Auch die anderen Siegermächte waren durchaus bereit, den expansiven polnischen Forderungen weit entgegenzukommen; Wilson hatte im dreizehnten seiner vierzehn Punkte Polen eine Grenzfestlegung aufgrund des Selbstbestimmungsrechts sowie freien Zugang zum Meer zugesichert.

Die britische Verhandlungsstrategie auf der Friedenskonferenz zielte darauf, im Interesse der Aufrechterhaltung eines gewissen Gleichgewichts auf dem Kontinent und einer Begrenzung von Frankreichs hegemonialer Stellung eine zu weitgehende Schwächung des Deutschen Reichs zu verhindern. Hinzu kamen Überlegungen, ein völlig verzweifeltes und jeder Hoffnung beraubtes Deutschland könnte sich dem Bolschewismus in die Arme werfen, Überlegungen, die Lloyd George in seinem berühmten Fontainebleau-Memorandum vom 25. März 1919 niedergelegt hat. Wenn Lloyd George, so motiviert, mehrfach den französischen Ambitionen entgegengetreten ist und daher als relativ gemäßigt erscheinen mag, dann darf doch zweierlei nicht übersehen werden. Zum einen: Im hochemotionalisierten Wahlkampf zur Unterhauswahl am 14. Dezember 1918 erzeugte Lloyd George durch zügellose Reden in der englischen Bevölkerung hochgespannte Erwartungen hinsichtlich der «Wiedergutmachung» (und einer Bestrafung der Kriegsschuldigen), und im Sinne dieser Erwartungen hat die englische Delegation auf der Friedenskonferenz zum Nachteil Deutschlands eine massive Ausweitung des Reparationsbegriffs durchgesetzt. Zum anderen: Großbritannien hatte seine vorrangigen Kriegsziele bereits in den Waffenstillstandsbedingungen erreicht: Auslieferung aller U-Boote, Internierung der Hochseeflotte, Wegnahme der deutschen Handelsflotte; auch befanden sich Großbritannien und seine Dominions im Besitz jener deutschen Kolonien, die sie nicht mehr herzugeben gedachten. Hingegen konnte das Sicherheitsverlangen der Franzosen erst durch die Bestimmungen des Friedensvertrags befriedigt werden. Deshalb waren diese Bestimmungen, insbesondere die über die Grenzen des Deutschen Reichs, Gegenstand dramatischer Auseinandersetzungen zwischen Clemenceau, Lloyd George und Wilson.

Über Elsaß-Lothringen brauchte allerdings nicht diskutiert zu werden; daß das Reichsland – ohne Volksabstimmung – an Frankreich zurückfallen würde, war im Kreis der Alliierten inzwischen unstrittig. Um so heftiger war der Streit um das linksrheinische Deutschland. Wie wir heute wissen, hatte sich schon bald nach Kriegsbeginn in den Führungskreisen Frankreichs ein stabiler Konsens herausgebildet, bei siegreichem Kriegsausgang (an dem man nicht zweifelte) die Abtrennung der linksrheinischen Lande vom Reich zu erzwingen. Mit dieser Entschlossenheit ging die französische Seite in die Friedensverhandlungen. Schon am 30. November entwickelte Marschall Foch dem britischen Premierminister das Projekt eines mit Frankreich wirtschaftlich verbundenen rheinischen Pufferstaats, und ähnliche Vorstellungen Clemenceaus und anderer sind vielfach belegt. Am 10. Januar legte Foch dann den Bevollmächtigten der alliierten Mächte ein Memorandum vor, in dem er ausführlich begründete, weshalb der Rhein zur deutschen Westgrenze werden müsse. Deutschland, so Foch, «muß am linken Rheinufer jede Eintrittspforte, jeder Waffenplatz, d. h. jede Landeshoheit genommen werden … Das ist für die Gegenwart und die nahe Zukunft eine unerläßliche Bürgschaft für die Erhaltung des Friedens.» Er äußerte sich auch über den Status, den die linksrheinischen Gebiete erhalten sollten: Unter der Bedingung militärischer Besetzung durch alliierte Streitkräfte und eines gemeinsamen Zollsystems mit Frankreich und Belgien könnte die Bildung sich selbst verwaltender neuer unabhängiger Staaten am linken Rheinufer ins Auge gefaßt werden.

Man hat lange angenommen, Foch habe hier – mit Rückendeckung durch den französischen Staatspräsidenten Poincaré – seine eigene Auffassung zum Ausdruck gebracht, die sich nicht in völligem Einklang mit Clemenceaus Vorstellungen befunden habe. Inzwischen ist nachgewiesen, daß der Entwurf von Fochs

Memorandum dem engen Mitarbeiter Clemenceaus André Tardieu vorgelegen hat und von diesem überarbeitet wurde; es handelte sich somit um eine Fixierung der offiziellen französischen Position, die in den folgenden Wochen durch weitere schriftliche und mündliche Äußerungen bekräftigt wurde. So umriß Clemenceau am 16. Februar vor dem Auswärtigen Ausschuß des Senats die französischen Forderungen folgendermaßen: Grenze von 1814 (also Saargebiet und Südpfalz zu Frankreich), das übrige linksrheinische Deutschland als ein mit Frankreich durch eine Zollunion verbundener autonomer Staat: «Man wird das Gebiet so lange besetzt halten, bis es bereit ist, sich mit Frankreich zu vereinigen.»

Anfang März glaubte sich die französische Seite ihrem Ziel schon nahe. Am 2. März einigten sich Wilsons Mitarbeiter Oberst House und Tardieu auf eine befristete Abtrennung der Rheinlande vom Deutschen Reich (vorbehaltlich einer späteren Abstimmung). Diese Mitteilung alarmierte Wilson, der sich zu diesem Zeitpunkt auf der Rückreise nach Europa befand und von Bord der «George Washington» sofort an House kabelte: «Ich hoffe, Sie werden nicht einmal einer vorläufigen Abtrennung der rheinischen Provinzen von Deutschland unter irgendeinem Arrangement zustimmen, sondern die ganze Angelegenheit bis zu meiner Rückkehr offen halten.» Am 14. März eröffneten Wilson und Lloyd George dann dem französischen Ministerpräsidenten, sie lehnten eine Abtrennung des linksrheinischen Deutschland vom Reich definitiv ab und würden nur einer befristeten Besetzung als Druckmittel für die Bezahlung der deutschen Reparationsschuld zustimmen. Dafür boten sie eine förmliche Garantie militärischer Unterstützung im Fall eines unprovozierten deutschen Angriffs auf Frankreich an.

Jetzt begann Clemenceau einzulenken (und erst jetzt kam es zu Divergenzen zwischen Clemenceau und Foch). Um den Preis eines Bruchs mit Amerika und England wollte Clemenceau nicht auf den französischen Forderungen beharren. Er begnügte sich mit der Entmilitarisierung des Rheinlands und einer Besetzung des linken Rheinufers und der Brückenköpfe auf fünfzehn Jahre – wobei er allerdings auch jetzt die Hoffnung noch nicht ganz aufgeben wollte, Frankreich könne sich doch dauerhaft am Rhein festsetzen; im Ministerrat erklärte er am 25. April: «Wir haben das Recht der Wiederbesetzung oder der Verlängerung der Besetzung, wenn die Reparationsschuld nicht bezahlt wird. Ich wage eine Voraussage: Deutschland geht Bankrott, und wir bleiben, wo wir sind.»

Nach erbitterten Wortgefechten steckte Clemenceau auch in der Saarfrage zurück. Das Saargebiet wurde dem Völkerbund unterstellt mit der Maßgabe, daß nach fünfzehn Jahren die Bevölkerung in einer Volksabstimmung darüber befinden solle, ob sie den Anschluß an Deutschland, an Frankreich oder die Autonomie wünsche. Das Eigentum an den Saargruben mußte das Reich entschädigungslos an Frankreich abtreten; im Falle eines für Deutschland günstigen Ausgangs der Volksabstimmung besaß das Reich das Rückkaufsrecht.

Wenn sich Clemenceau zu diesen – gemessen an den Forderungen der französischen Nationalisten – erheblichen Konzessionen entschloß, dann tat er dies, weil in seiner Sicht die Allianz mit England und ein gutes Einvernehmen mit den USA unabdingbare Voraussetzungen einer realistischen französischen Sicherheitspolitik bildeten. Gegenleistung für dieses Einlenken Clemenceaus war die Zusage einer vertraglichen amerikanisch-britischen Garantie, Frankreich bei einem deutschen Angriff militärisch zu unterstützen. Eingelöst wurde diese Zusage indessen nicht, denn nach dem Scheitern von Wilsons Vertragspolitik im amerikanischen Kongreß trat auch Großbritannien vom Garantievertrag zurück. Diese Entwicklung hat nicht wenig dazu beigetragen, daß man in Frankreich den im November 1918 als «Vater des Sieges» gefeierten Clemenceau schon bald beschuldigte, der «Verlierer des Sieges» zu sein. Große Teile der französischen Bevölkerung und vor allem der politischen Führungsschicht betrachteten den Versailler Vertrag als ungenügend, als viel zu gemäßigt, und die auf Clemenceau folgenden Rechtsregierungen versuchten, den Frieden im Sinn radikal-nationalistischer Zielsetzungen zu revidieren.

Werfen wir noch einen Blick auf die Bestimmungen über die deutsche Ostgrenze. Zwar erreichten Wilson und Lloyd George

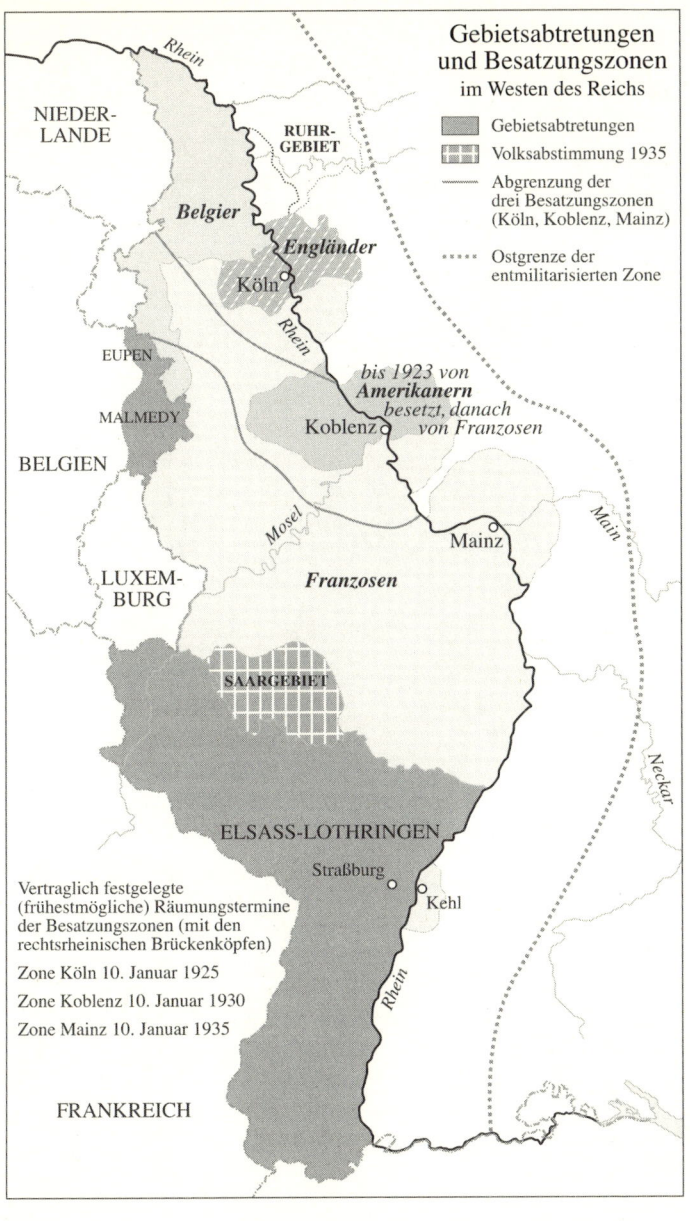

Gebietsabtretungen und Besatzungszonen
im Westen des Reichs

Gebietsabtretungen

Volksabstimmung 1935

Abgrenzung der drei Besatzungszonen (Köln, Koblenz, Mainz)

Ostgrenze der entmilitarisierten Zone

NIEDER-LANDE

RUHR-GEBIET

Belgier

Engländer

Köln

Rhein

EUPEN

MALMEDY

BELGIEN

Koblenz

bis 1923 von Amerikanern besetzt, danach von Franzosen

Mosel

Mainz

Main

LUXEM-BURG

Franzosen

SAARGEBIET

Neckar

ELSASS-LOTHRINGEN

Straßburg

Kehl

Vertraglich festgelegte (frühestmögliche) Räumungstermine der Besatzungszonen (mit den rechtsrheinischen Brückenköpfen)

Zone Köln 10. Januar 1925

Zone Koblenz 10. Januar 1930

Zone Mainz 10. Januar 1935

Rhein

FRANKREICH

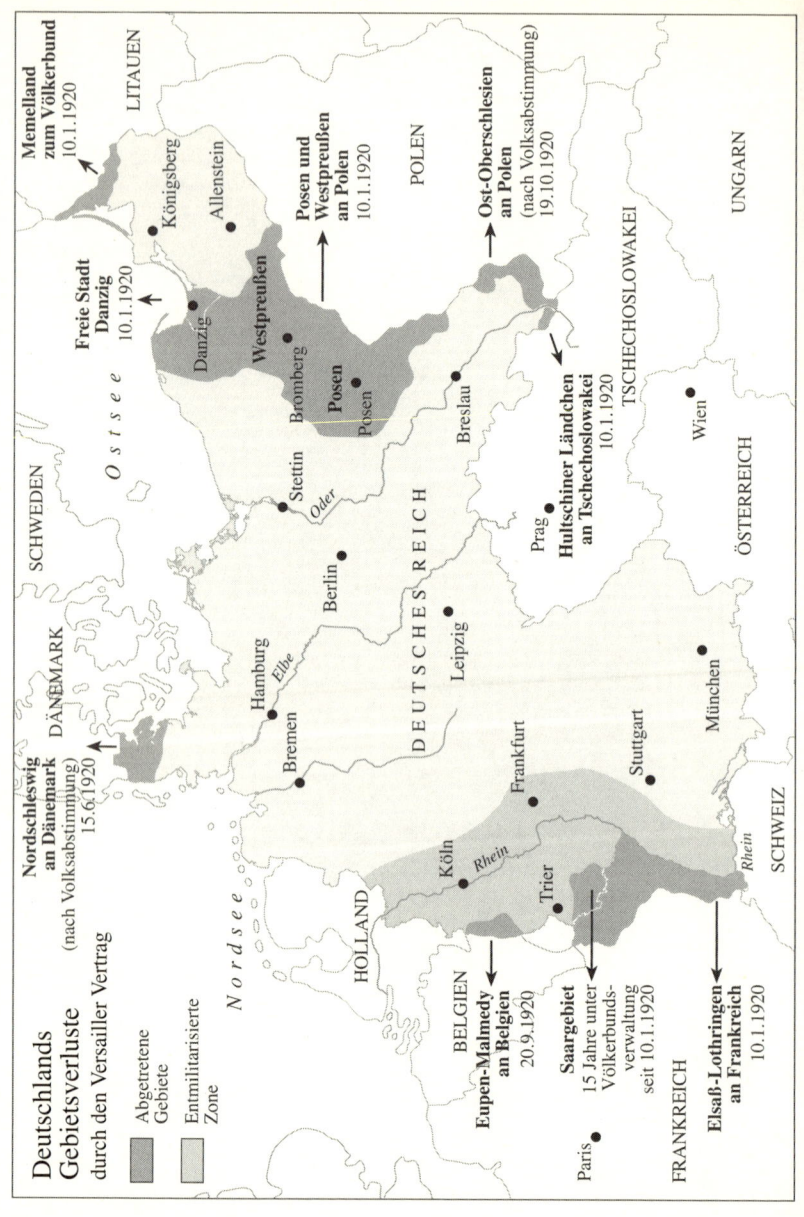

Deutschlands Gebietsverluste durch den Versailler Vertrag

- Abgetretene Gebiete
- Entmilitarisierte Zone

Memelland zum Völkerbund 10.1.1920

Posen und Westpreußen an Polen 10.1.1920

Ost-Oberschlesien an Polen (nach Volksabstimmung) 19.10.1920

Freie Stadt Danzig 10.1.1920

Hultschiner Ländchen an Tschechoslowakei 10.1.1920

Nordschleswig an Dänemark (nach Volksabstimmung) 15.6.1920

Eupen-Malmedy an Belgien 20.9.1920

Saargebiet 15 Jahre unter Völkerbunds-verwaltung seit 10.1.1920

Elsaß-Lothringen an Frankreich 10.1.1920

LITAUEN

POLEN

UNGARN

Königsberg

Allenstein

Westpreußen

Danzig

Bromberg

Posen

Posen

Breslau

TSCHECHOSLOWAKEI

Wien

Stettin

Oder

Prag

ÖSTERREICH

O s t s e e

SCHWEDEN

DÄNEMARK

Berlin

Hamburg

Elbe

D E U T S C H E S   R E I C H

Leipzig

Bremen

München

Frankfurt

Stuttgart

Köln

Rhein

Trier

SCHWEIZ

Rhein

N o r d s e e

HOLLAND

BELGIEN

FRANKREICH

Paris

auch hier in langen spannungsvollen Diskussionen einige Abstriche an territorialen Maximalforderungen, doch das schließliche Resultat war für die Deutschen schwer erträglich. Polen erhielt ohne Abstimmung den größten Teil der preußischen Provinzen Posen und Westpreußen, so daß Ostpreußen vom übrigen Reich abgeschnitten wurde («Korridor»), was man in Deutschland als katastrophal betrachtete. Immerhin: Danzig wurde nicht polnisch, wie zunächst geplant war, sondern erhielt mit seinem Umland den völkerrechtlichen Status einer «Freien Stadt» unter dem Schutz des Völkerbunds; Danzig konnte so den Charakter einer deutschen Stadt bewahren. Für das südliche Ostpreußen und für Westpreußen östlich der Weichsel wurde eine Volksabstimmung dekretiert; sie fand dann am 1. Juli 1920 statt und erbrachte ein nahezu einstimmiges Ergebnis für den Verbleib bei Deutschland. Ohne Volksabstimmung mußten hingegen abgetreten werden das «Hultschiner Ländchen» (Teil des Kreises Ratibor) an die Tschechoslowakei und das Memelland an die Alliierten (französische Besatzung, ab 1923/24 litauische Oberhoheit). Statt der im Vertragsentwurf vorgesehenen Abtretung Oberschlesiens an Polen wurde im definitiven Vertrag eine Volksabstimmung festgelegt. Sie fand im März 1921 statt, und in ihrer Konsequenz blieb der flächenmäßig größere Teil Oberschlesiens beim Reich, aber das wirtschaftlich wertvollere Zentrum des Industriegebiets kam zu Polen.

Um die Angaben über die deutschen Gebietsverluste abzuschließen, sei noch vermerkt, daß Belgien die preußischen Kreise Eupen und Malmedy erhielt und für Nordschleswig eine Volksabstimmung anberaumt wurde (obwohl Dänemark nicht am Krieg teilgenommen hatte); auf Grund der Abstimmungsergebnisse fiel die nördliche Zone (mit weit überwiegend dänischer Bevölkerung) an Dänemark, die südliche Zone blieb bei Deutschland.

Insgesamt verlor das Deutsche Reich durch die territorialen Bestimmungen des Friedensvertrags über ein Achtel seines Staatsgebiets und ein Zehntel seiner Bevölkerung (allerdings zum Teil nichtdeutscher Nationalität) – mit 15 % der landwirtschaftlichen Produktion, 50% der Eisenerzversorgung und 25% der Steinkohleförderung.

Zu den territorialen Einbußen zählt auch der Verlust aller Kolonien (insgesamt eine Ländermasse von der sechsfachen Flächenausdehnung Deutschlands mit rund 14 Mill. Einwohnern). Wie bereits erwähnt, fielen die deutschen Kolonien in Form von Mandaten des Völkerbunds an einzelne Siegerstaaten. Südafrika erhielt Deutsch-Südwestafrika, Australien Deutsch-Neuguinea und den Bismarck-Archipel, Neuseeland Samoa, Japan Kiautschou sowie mehrere Inselgruppen im Pazifik (Marianen, Karolinen, Palau-, Palak- und Marshall-Inseln), Großbritannien neben Deutsch-Ostafrika einen kleinen Teil von Kamerun und die Hälfte von Togo; die andere Hälfte und der größte Teil von Kamerun gingen an Frankreich. Nach heftigen belgischen Protesten, daß das Land, das im Krieg so schwer gelitten hatte, leer ausgehen sollte, wurde vom ehemaligen Deutsch-Ostafrika das Gebiet des späteren Ruanda und Burundi abgegliedert und dem belgischen Kongo zugeschlagen.

Neben den Auseinandersetzungen um Deutschlands Grenzen war die Frage der «Wiedergutmachung» jener Bereich, der im Mittelpunkt hitziger Diskussionen stand. Während bei den Territorialfragen Wilson und Lloyd George meist gemeinsame Sache gegen Clemenceau machten, war Wilson in der Reparationsfrage isoliert und hatte Lloyd George und Clemenceau gegen sich. Er akzeptierte schließlich nach langem Widerstand eine Regelung, die in eindeutigem Widerspruch zu seiner ursprünglichen Konzeption stand. Diese sah eine Beschränkung der Reparationsverpflichtung auf zwei Komplexe vor: Schäden, die durch Bruch internationalen Rechts entstanden waren (Belgien, rechtswidrige Behandlung von Gefangenen), sowie Schäden, die die Zivilbevölkerung der gegen Deutschland im Krieg stehenden Staaten erlitten hatte. Aber die amerikanische Delegation stand mit dieser Auffassung allein einer geschlossenen Front der übrigen Siegerstaaten gegenüber, die weit darüber hinausgehende Reparationsansprüche verfochten und im Grunde einen vollständigen Ersatz ihrer Kriegskosten erstrebten, zumal sie selbst gegenüber den USA hohe Kriegsschulden abzutragen hatten. Da bei strikter Anwendung der von Wilson aufgestellten Kriterien Großbritannien und seine Dominions nahezu leer ausgegangen wären, verlangten vor allem Lloyd George und die Ministerpräsidenten der Dominions eine Ausweitung des Reparationsbegriffs. Lloyd George stand in dieser Frage auch unter massivem innenpolitischem Druck: 233 Unterhausabgeordnete forderten ihn am 8. April telegrafisch auf, eine deutsche Schuldanerkennung und eine hohe Schadensersatzforderung an Deutschland durchzusetzen.

Es war in erster Linie die Sorge um die Stellung von Lloyd George, die Wilson zu einem schrittweisen Zurückweichen in der Frage der Reparationen bewog, so wie seine kompromißbereite Haltung in der Frage der Rheinlandbesetzung durch seine Sorge um das politische Schicksal Clemenceaus bedingt war: Den Sturz der Kabinette Lloyd George und Clemenceau durch ihre Opponenten auf der Rechten und eine daraus resultierende Verzögerung, wenn nicht Vereitelung des Friedensschlusses (und damit zugleich das Scheitern des Völkerbundsprojekts) – das glaubte Wilson nicht verantworten zu können; in seiner Sicht war ein baldiger Friede mit Mängeln besser als ein womöglich probater Frieden zu einem fernen Zeitpunkt.

Aus dieser Konferenzsituation heraus kam es im April schließlich zu jener Regelung des Reparationsproblems, die in Teil VIII der Friedensbedingungen fixiert wurde. Entsprechend den Forderungen Lloyd Georges und der Ministerpräsidenten der Dominions wurden auch Militärpensionen und die finanzielle Unterstützung von Kriegsbeschädigten und Hinterbliebenen der Gefallenen zu den wiedergutmachungspflichtigen Kriegsschäden gezählt – noch nie hatte ein Friedensvertrag eine solche Bestimmung enthalten. Durch diese Ausweitung des Reparationsbegriffs entstand eine immense deutsche Reparationsschuld. Da die Schätzungen der alliierten Sachverständigen über die deutsche Leistungsfähigkeit weit auseinandergingen, einigte man sich nach langem Hin und Her dahingehend, auf die Festschreibung einer bestimmten Gesamtsumme im Friedensvertrag zu verzichten und eine mit weitreichenden Befugnissen ausgestattete Reparationskommission einzusetzen. Diese hatte die Forderungen an

Deutschland entgegenzunehmen, zu prüfen und spätestens am
1. Mai 1921 der deutschen Regierung den Gesamtbetrag ihrer
Verpflichtungen bekanntzugeben. Bis dahin mußte Deutschland
eine Leistung von 20 Milliarden Goldmark «in Gold, Waren,
Schiffen, Wertpapieren oder anderswie» erbringen.

Um eine im Prinzip globale Reparationsverpflichtung
Deutschlands zu konstatieren, die dann in der Praxis nur partiell
realisiert werden sollte, wurde an die Spitze der entsprechenden
Vertragsbestimmungen der ominöse Artikel 231 gestellt, durch
den Deutschland anerkennen mußte, mit seinen Verbündeten
«als Urheber» für alle Schäden verantwortlich zu sein, welche
die Alliierten infolge des ihnen durch den «Angriff Deutschlands
und seiner Verbündeten» aufgezwungenen Krieges erlitten hätten. Dieser Artikel, der den in der Lansing-Note vom 5. November 1918 enthaltenen Begriff «aggression» aufnahm, wurde im
Wiedergutmachungsausschuß, nicht im Kriegsschuldausschuß
formuliert (er geht übrigens auf den Vorschlag eines damals jun-
gen amerikanischen Delegationsmitglieds zurück, des späteren
amerikanischen Außenministers John Foster Dulles). Der Artikel hatte die Funktion, eine juristische Haftung des Deutschen
Reiches für die angerichteten Schäden vertraglich zu verankern
und den Reparationsanspruch damit rechtlich abzusichern; er
entbehrte daher zunächst weitgehend des Charakters einer mas-
siven moralischen Diskreditierung Deutschlands. Die ursprüng-
liche Hilfsfunktion des Artikels trat dann jedoch durch die leidenschaftlichen deutschen Proteste in den Hintergrund, und im
Verlauf der affektgeladenen Auseinandersetzungen – darüber
wird zu berichten sein – erlangte Artikel 231 Eigenwert. Er ge-
wann den Charakter eines moralischen Kriegsschuldverdikts,
das in der Weimarer Republik im Zentrum des Kampfes gegen
«Versailles» stand.

Zwischen den führenden Persönlichkeiten der Siegerallianz
weniger umstritten, für Deutschland gleichwohl tief einschnei-
dend waren die militärischen und wirtschaftlichen Bestimmungen des Vertrags. Die als Vorgriff auf eine «allgemeine Rüstungs-
beschränkung aller Nationen» deklarierten Artikel zum Militär-
wesen legten die Militärverfassung des Deutschen Reiches in

bindender Form fest und beeinträchtigten damit in empfindlicher Weise die deutsche Souveränität: Abschaffung der allgemeinen Wehrpflicht, Auflösung des Generalstabs, Schleifung
der Festungen in der neutralen Zone, Verbot moderner Waffen
(Panzer, U-Boote, Luftwaffe). Was Deutschland überhaupt
an Waffen, Kriegsgerät und Munition besitzen durfte, wurde bis
ins einzelne vertraglich fixiert. Erlaubt war Deutschland lediglich ein Berufsheer mit genau bestimmten Truppenstärken. Die
Obergrenze für das Landheer betrug 100 000 Mann, für die Marine 15 000 Mann, jeweils einschließlich der Offiziere. Unteroffiziere und Gemeine waren verpflichtet, ununterbrochen zwölf
Jahre zu dienen, Offiziere mindestens bis zum Alter von 45 Jahren – Vorschriften, die verhindern sollten, daß Deutschland
durch kurze Dienstzeiten die Zahl ausgebildeter Soldaten erhöhte. Die Einhaltung all dieser Bestimmungen hatte eine in
Deutschland tätige Interalliierte Militär-Kontroll-Kommission
zu überwachen (ihre Kosten waren von der deutschen Regierung
zu tragen).

Die in Analysen des Versailler Vertrags meist wenig beachteten «wirtschaftlichen Bestimmungen» belegen, daß die Alliierten, die Amerikaner eingeschlossen, sich einig waren, dem
Reich ein «diskriminatorisches ökonomisches Regime» aufzuerlegen, wie der französische Historiker Soutou formuliert.
Deutschland sollte wirtschaftlich möglichst stark beeinträchtigt werden – obwohl man von ihm doch exorbitante finanzielle Wiedergutmachungsleistungen erwartete, die erwirtschaftet werden mußten. Dieser evidente Widerspruch hinderte die
Friedensmacher nicht daran, ihre bereits während des Krieges
entwickelten ökonomischen Kriegszielvorstellungen im Friedensvertrag umzusetzen. Aus der Fülle bis ins kleinste Detail gehender Regelungen seien wenigstens einige besonders wichtige
angeführt: Deutschland mußte für fünf Jahre ohne Gegenseitigkeit den Alliierten die Meistbegünstigung einräumen. Ferner
durften Frankreich und Polen Waren aus den ehemals deutschen Gebieten zollfrei nach Deutschland einführen. Seine Zölle
auf eine Vielzahl von Produkten durfte das Reich in den ersten drei Jahren nach Inkrafttreten des Vertrags nicht über den

(niedrigen) Zollsatz vom 31. Juli 1914 erhöhen. Das deutsche
Auslandsvermögen wurde konfisziert, deutscherseits beschlag-
nahmte private und staatliche Vermögenswerte der Alliierten
waren zu restituieren. Entschädigungslos abzutreten waren ferner alle deutschen Unterseekabel, ein wertvolles Vermögens-
objekt, das von Engländern und Franzosen bereits während des
Krieges in Benutzung genommen worden war. Die großen deutschen Ströme (Elbe, Oder, Donau, Memel) wurden «für inter-
national erklärt» mit der Konsequenz, daß die Schiffahrt durch
internationale Ausschüsse überwacht wurde, in denen die deutschen Mitglieder in der Minderheit waren.

Als außerordentlich bitter hat man in Deutschland Artikel 80
des Vertrags empfunden, durch den das Reich die Unabhängigkeit Österreichs als «unabänderlich» anerkennen mußte, «es sei
denn, daß der Rat des Völkerbundes einer Abänderung zu-
stimmt» (was schlechthin undenkbar war). Dieses Anschlußver-
bot war eine flagrante Verletzung des Selbstbestimmungsrechts,
hatten die Deutsch-Österreicher doch zu diesem Zeitpunkt bereits in unzweideutiger Weise ihren Willen bekundet, sich dem
Deutschen Reich anzuschließen. Indessen wird man dieser Entscheidung der Sieger insofern ein nachvollziehbares Kalkül
nicht absprechen können, als ein Anschluß Deutsch-Österreichs
nach Fläche und Wert die deutschen Gebietsverluste kompen-
siert und überkompensiert und damit die Machtstellung des
Reichs gestärkt hätte.

Mit besonders leidenschaftlicher Empörung reagierte man in
Deutschland auf die «Strafbestimmungen» (Artikel 227–230).
Die Alliierten stellten den Ex-Kaiser Wilhelm II. «wegen schwer-
ster Verletzung des internationalen Sittengesetzes und der Hei-
ligkeit der Verträge unter öffentliche Anklage», über die ein
«besonderer Gerichtshof» befinden sollte. Den Niederlanden,
wohin sich der Kaiser ins Exil begeben hatte, wurde ein Ausliefe-
rungsersuchen angekündigt. Ferner mußte die deutsche Regierung den Siegermächten die Befugnis einräumen, alle Personen,
die einer Verletzung von Gesetzen und Gebräuchen des Krieges
beschuldigt wurden, «vor ihre Militärgerichte zu ziehen» und sie
zu diesem Zweck auszuliefern.

Über das, was in Paris zwischen Januar und Mai 1919 bera-
ten und beschlossen wurde, ist erstaunlich wenig wirklich Kon-
kretes und Präzises nach außen gedrungen. Informationen und
Gerüchte waren vage und widersprüchlich. In Deutschland besaß deshalb weder die Regierung noch die öffentliche Meinung
ein klares, einigermaßen realistisches Bild dessen, was auf das
Reich zukommen würde. Wenn nicht durchgängig, so doch
weithin klammerte man sich, wie schon lange, an Wunschvor-
stellungen, an die Illusion, auf die harten Waffenstillstandsbestimmungen würden glimpfliche Friedensbedingungen, ein
milder «Wilson-Frieden» folgen. Wie der namhafte Gelehrte
Ernst Troeltsch in einem Artikel vom 26. Juni 1919 schrieb, bewegte man sich im «Traumland der Waffenstillstandsperiode,
wo jeder sich ohne die Bedingungen und realen Sachfolgen des
bevorstehenden Friedens die Zukunft phantastisch, pessimi-
stisch oder heroisch ausmalen konnte». Diese Periode endete
abrupt am 7. Mai 1919, als in Versailles der deutschen Delegation die Friedensbedingungen übergeben wurden. Was man
jetzt erfuhr und wie man es erfuhr, traf Regierung, Parteien und
Öffentlichkeit in Deutschland wie ein Keulenschlag. Damit ist
es an der Zeit, die Perspektive zu wechseln. Genauer zu beleuchten sind nunmehr die deutschen Vorbereitungen auf die erwarteten Friedensverhandlungen, die deutsche Reaktion auf die
Friedensbedingungen und der Kampf um die Unterzeichnung
des Friedensvertrags.

Die sechs deutschen Hauptdelegierten am 7.5.1919
vor der Abfahrt zum Hotel Trianon Palace (von links nach rechts: Leinert,
Melchior, Giesberts, Brockdorff-Rantzau, Landsberg, Schücking)
Foto: Historia Bildarchiv, Bad Sachsa (aus: Wohlfeil, Rainer/Dollinger, Hans:
Die deutsche Reichswehr. Bilder, Dokumente und Texte
zur Geschichte des Hunderttausend-Mann-Heeres 1919–1933.
Verlag F. Englisch, Wiesbaden 1977)

Kapitel V

Annehmen oder Ablehnen?
Die deutsche Friedensstrategie und der Kampf um
die Unterzeichnung des «Versailler Vertrags»

Gleich nach Abschluß des Waffenstillstands begann die deutsche Regierung mit der Vorbereitung der Friedensverhandlungen. Zahlreiche Expertengruppen häuften ein riesiges Material zu allen Fragen an, die bei den Verhandlungen eine Rolle spielen könnten. Aber diese intensiven deutschen Vorbereitungen blieben ohne Einfluß auf den Verlauf der Friedenskonferenz, weil die Deutschen nicht zu den Beratungen hinzugezogen wurden.

Verantwortlich für die Erarbeitung der deutschen Friedensstrategie war Graf Ulrich von Brockdorff-Rantzau, den der Rat der Volksbeauftragten am 20. Dezember 1918 mit dem Amt des Außenministers betraut hatte. Der hochgewachsene Karrierediplomat, Aristokrat durch und durch, war eine menschlich ungemein schwierige Persönlichkeit. Hohe Intelligenz paarte sich bei ihm mit unbändigem persönlichen Ehrgeiz, enormem Geltungsbedürfnis und hoher Reizbarkeit; in jedem Widerspruch gegen seine Anschauungen witterte er Feindschaft und Verschwörung. Vor einem größeren Auditorium mangelte es ihm an Redetalent und Schlagfertigkeit (er las ziemlich tonlos vom Manuskript ab), hingegen wußte er in kleinerem Kreis zu beeindrucken und durch Charme zu bestricken, so daß er manchen Bewunderer hatte, vor allem in seiner engeren Umgebung. «Ehre» und «Würde» waren die Fixpunkte seines Weltbilds; an ihnen orientierte sich sein außenpolitisches Agieren.

In seiner Programmrede in der Nationalversammlung am 14. Februar 1919 vertrat Brockdorff-Rantzau mit Entschiedenheit die Auffassung, die Prinzipien von Wilsons Vierzehn Punkten müßten ohne Zusätze oder Abänderungen die Grundlage eines künftigen Friedens bilden, der ein «Rechtsfrieden» sein müsse und kein «Gewaltfriede» sein dürfe. Folgerichtig aufgrund dieses Ausgangspunkts ruhte die von Brockdorff-Rantzau konzipierte, vom Kabinett gebilligte deutsche Friedensstrategie vor allem auf drei Pfeilern. Erstens: Die deutsche Seite betrachtete den Notenwechsel vom Oktober und insbesondere die Lansing-Note vom 5. November 1918 als einen beide Seiten bindenden Vorvertrag (pactum de contrahendo). Aus dieser Verbindlichkeitsthese wurde die Folgerung abgeleitet, die Sieger könnten sich nicht mehr auf das unbeschränkte Siegerrecht berufen. Zweitens: Die deutsche Friedensstrategie zielte in erster Linie darauf ab, beim Friedensschluß die deutsche Wirtschaftskraft möglichst ungeschmälert als Machtpotential zu erhalten; auf wirtschaftlichem Gebiet sollte die Niederlage folgenlos bleiben: «Mit der gleichen Argumentation, mit der zuvor [d. h. vor Herbst 1918, als sich die deutsche Führung noch auf der Siegerstraße wähnte] eine hohe Kriegsentschädigung der Gegner gefordert worden war, wurde nun begründet, warum Deutschland keine oder nur eine möglichst geringe Kriegsentschädigung zahlen dürfe.» (Peter Krüger) Das Reparationsproblem rückte daher in den Mittelpunkt der deutschen Vorbereitungen auf die Friedenskonferenz. Drittens: Aus der Zielsetzung, das deutsche Wirtschaftspotential intakt zu halten, erwuchs der leidenschaftliche Angriff gegen die Kriegsschuldthese, denn durch die Bestreitung der deutschen Schuld am Krieg sollte die moralische Basis der gegnerischen Reparationsforderungen erschüttert werden.

Zunächst jedoch hieß es: Abwarten. Und weil man auch in den deutschen Regierungskreisen keine verläßlichen Informationen über die Verhandlungen in Paris besaß, konnte man sich vorläufig noch in Illusionen wiegen. Erst als in Paris der Entwurf der Friedensbedingungen weitgehend fertiggestellt war, wurde die deutsche Regierung am 18. April aufgefordert, eine Friedensdelegation nach Versailles zu entsenden. Im Zusammenhang mit dieser Aufforderung hatte der «Rat der Vier» beschlossen, mit den Deutschen nur auf schriftlichem Wege zu verhandeln.

In drei Eisenbahnzügen machte sich am 26. und 27. April die 180-köpfige deutsche Delegation (darunter etwa zwanzig Pressevertreter) auf den Weg nach Versailles. Auf Anweisung von Clemenceau fuhren die Sonderzüge im nördlichen Frankreich nur im Schritt-Tempo, damit den Deutschen die verwüsteten Landstriche ausgiebig vor Augen geführt wurden. «Wir sollten», so der sozialdemokratische Journalist Viktor Schiff, «auf die Büßerrolle gedrillt werden, die man uns zugedacht hatte. Man wollte den Haß im voraus begründen, der uns in Versailles umgeben würde.»

In Versailles wurden die Angehörigen der deutschen Delegation in zwei benachbarten Hotels untergebracht, die mit Bretterverschlägen und Drahtzäunen abgesperrt waren, vorgeblich, um Zwischenfälle mit der aufgebrachten einheimischen Bevölkerung zu vermeiden. Infolge dieser Isolierung besaßen die Deutschen keine Bewegungsfreiheit, ihr Aufenthalt glich einer Internierung. Nachdem am 1. Mai die Vollmachten ausgetauscht worden waren – ein formaler Akt, der nur zehn Minuten dauerte und sich in eisiger Atmosphäre vollzog –, hieß es für die deutschen Unterhändler erneut: sich gedulden. Nach Tagen zermürbenden Wartens erfolgte am 7. Mai im großen Saal des Hotels «Trianon Palace» die Übergabe der Friedensbedingungen.

Die Vertreter von 27 Nationen saßen an einer hufeisenförmigen Tafel, als kurz nach 15 Uhr die sechs deutschen Hauptdelegierten in den Saal geführt wurden und an zwei Tischen Platz nahmen, die quer zum Ende des Hufeisens standen. «Es sieht nach einer Anklagebank aus», meinte Viktor Schiff. Clemenceau erhob sich und hielt eine kurze Ansprache (im Druck etwa eine Seite). «Die Stunde der Abrechnung ist da», erklärte er. «Sie haben uns um Frieden gebeten. Wir sind geneigt, ihn Ihnen zu geben.» Er fügte hinzu, «dieser zweite Versailler Frieden» sei zu teuer erkauft worden, «als daß wir nicht einmütig entschlossen sein sollten, sämtliche zu Gebote stehenden Mittel anzuwenden, um jede uns geschuldete berechtigte Genugtuung zu erlangen». Es werde keine mündlichen Verhandlungen geben, bemerkte er weiter, die deutschen Bevollmächtigten hätten eine vierzehntägige Frist, um in französischer und englischer Sprache ihre Antworten einzusenden, zu denen der Oberste Rat dann schriftlich Stellung nehmen werde. Während Clemenceaus Rede ins Englische und Deutsche übersetzt wurde, überreichte der Sekretär der Friedenskonferenz dem Grafen Brockdorff-Rantzau eine «starke, blassgelb geheftete Druckschrift großen Formats» – die Friedensbedingungen.

Brockdorff-Rantzau warf nur einen flüchtigen Blick auf den Band und begann seine Antwortrede, die wesentlich länger war als diejenige Clemenceaus (im Druck rund drei Seiten). Was diese Rede denkwürdig machte und in aller Welt größtes Aufsehen erregte, war zweierlei: zum einen der Inhalt, zum andern die Tatsache, daß der deutsche Außenminister beim Verlesen seiner Rede sitzenblieb, während der wesentlich ältere Clemenceau im Stehen gesprochen hatte. Über die Gründe von Brockdorff-Rantzaus Sitzenbleiben ist viel gerätselt worden. Häufig wurde angenommen, dies sei aus physischer Schwäche geschehen. Heute wissen wir, daß es ein wohlüberlegter Akt war: Schon auf der Fahrt zum Konferenzort hatte der Außenminister seinen engsten Beratern seine Absicht mitgeteilt – er wolle nicht als «Angeklagter» vor den Alliierten stehen – und ließ sich durch deren Abraten nicht umstimmen. Die deutsche Delegation hatte sich auf die Zeremonie sorgfältig vorbereitet. Da man nicht wußte, was Clemenceau sagen würde, waren mehrere Redetexte ausgearbeitet worden, ein kürzerer, eher formaler Text und ein längerer mit trotzigen, markanten und den Widerspruch der Alliierten herausfordernden Sätzen. Diese schärfere Fassung wählte Brockdorff-Rantzau spontan, nachdem Clemenceau gesprochen hatte. Pathetisch bestritt er die deutsche Alleinschuld am Krieg und an völkerrechtswidrigen Akten. «Die Hunderttausende von Nichtkämpfern, die seit dem 11. November an der Blockade zugrundegingen, wurden mit kalter Überlegung getötet, nachdem für unsere Gegner der Sieg errungen und verbürgt war. Daran denken Sie, wenn Sie von Schuld und Sühne sprechen.» Dann beschwor er Deutschlands Anspruch auf einen Rechtsfrieden aufgrund der Lansing-Note und erklärte die deutsche Bereitschaft zum Eintritt in den Völkerbund.

Mit seinem Auftritt mochte Brockdorff-Rantzau an deutschen Stammtischen punkten – bei den Vertretern der Entente riefen sein Verhalten und seine Rede einhellige Empörung hervor. Clemenceau lief vor Wut rot an; Lloyd George zerbrach in seinem Zorn einen Brieföffner aus Elfenbein und bemerkte kopfschüttelnd: «Was sind sie für ein Volk! Immer tun sie gerade das Unrichtige»; Wilson nannte die Rede unaufrichtig, stupide und typisch preußisch. Mit Recht ist gesagt worden, in diesem Augenblick sei es nicht darauf angekommen, «die Wahrheit zu sagen, sondern Friedenserleichterungen zu erkämpfen. Verletzende Aufrichtigkeit war in diesem Augenblick unzweckmäßig, ehrenhaft-irrational, typisch deutsch.» (Hans von Hentig) Man kann der Rantzau-Biographin Christiane Scheidemann kaum widersprechen, wenn sie konstatiert, Brockdorff-Rantzau habe durch sein Verhalten die Aversion der Alliierten gegen die ehemaligen deutschen Kriegsgegner vertieft. «So sahen sich die Ententemächte darin bestätigt, daß man es bei der deutschen außenpolitischen Führung mit den ‹ewiggestrigen› kaiserlichen Machtpolitikern zu tun hatte. Rantzau beraubte sich ... jeglichen Rückhaltes in der Öffentlichkeit und bei den Politikern des ‹feindlichen› Auslandes.» Insbesondere, so wäre hinzuzufügen, verprellte er aufs schwerste den amerikanischen Präsidenten, auf den sich alle Hoffnung eines Entgegenkommens konzentrierte.

Als die Friedensbedingungen bekannt wurden, endete in Deutschland abrupt die Zeit der Illusionen – mit solch drakonischen Bestimmungen hatten selbst die größten Pessimisten nicht gerechnet. Eine Welle des Entsetzens ging durch das Land. Öffentlichkeit, Parteien und Regierung waren sich einig in der Ablehnung des Vertragsentwurfs. Die Reichsregierung ordnete sofort an, daß für die Dauer einer Woche alle öffentlichen Lustbarkeiten zu unterbleiben hatten. Die demonstrativ von Weimar in die Aula der Berliner Universität verlegte Debatte der Nationalversammlung am 12. Mai wurde zu einer machtvollen Kundgebung nationaler Geschlossenheit und des Willens, einen solchen Friedensvertrag abzulehnen. Reichsministerpräsident Philipp Scheidemann (SPD) fand starke Worte, um die Auffassung der Regierung zu begründen, dieser Vertrag sei «unannehmbar». Er

sprach von einem «Mordplan» und prägte die in den Zitaten-
schatz eingegangene Formulierung: «Welche Hand müßte nicht
verdorren, die sich und uns in diese Fesseln legt?» Er fuhr fort:
«Würde dieser Vertrag wirklich unterschrieben, so wäre es nicht
Deutschlands Leiche allein, die auf dem Schlachtfelde von Versailles liegen bliebe. Daneben würden als ebenso edle Leichen liegen das Selbstbestimmungsrecht der Völker, die Unabhängigkeit
freier Nationen, der Glaube an all die schönen Ideale, unter deren Banner die Entente zu fechten vorgab, und vor allem der
Glaube an die Vertragstreue.» Auch alle folgenden Redner über-
boten sich in Bekundungen der Empörung und des Abscheus,
mehrfach wurde erklärt, dieser Friede sei «die Fortsetzung des
Krieges mit anderen Mitteln». Gustav Stresemann, Sprecher der
rechtsliberalen Deutschen Volkspartei, äußerte: «Es ist möglich,
daß wir zugrunde gehen, wenn wir den Vertrag nicht unterschreiben. Aber wir alle haben die Empfindung: Es ist sicher, daß
wir zugrunde gehen, wenn wir ihn unterzeichnen.» Im Anschluß
an die Kundgebung der Nationalversammlung kam es überall im
Reich zu großen Massenversammlungen, auf denen der Protest
artikuliert und häufig martialische Resolutionen verabschiedet
wurden.

Den Vertrag für unannehmbar zu erklären und vehement zu
protestieren, war das eine; eine ganz andere Sache – und hier
war die Regierung gefordert – bildete jedoch die Frage: was
tun? In Versailles entschied sich die deutsche Friedensdelegation
dafür, in einen «Notenkrieg» mit den Alliierten einzutreten:
Widersprüche der gegnerischen Bedingungen sollten im einzelnen, natürlich an Hand der Vierzehn Punkte, nachgewiesen und
praktische Gegenvorschläge gemacht werden, auch mit dem
Ziel, die Einheitsfront der Alliierten aufzubrechen. Allerdings
wurde dabei nicht eingehend erwogen, ob die Registrierung jeder Abweichung vom Wilson-Programm und von der Lansing-
Note (in der engsten, für Deutschland günstigsten Auslegung)
ein anderes Ergebnis zeitigen konnte als das, die Alliierten und
insbesondere Wilson gründlich zu verärgern und die Solidarität
zwischen den Siegermächten zu festigen. Insgesamt siebzehn,
zum Teil umfangreiche Noten wurden im Lauf des Mai den Al-

liierten zugeleitet (die Vierzehntagefrist war bis 29. Mai verlängert worden). Daneben begann man mit der Erarbeitung einer umfangreichen Denkschrift. Der deutsche Angriff konzentrierte sich auf den Artikel 231, den Kriegsschuldparagraphen, denn durch dessen Widerlegung wollte man die moralische Basis der gegnerischen Forderungen, vor allem der Reparationsforderungen erschüttern. Die Schuldfrage figurierte auch an prominenter Stelle in der Mantelnote, dem Kernstück der zusammengefassten deutschen Gegenvorschläge, die am 29. Mai überreicht wurden. Sie enthielten, bei viel grundsätzlicher Kritik an Grundlagen und Einzelbestimmungen des Vertragsentwurfs, auch einige positive Angebote (u. a. Beschränkung des deutschen Heeres auf 100 000 Mann; Zahlung einer Höchstsumme von 100 Milliarden Goldmark – allerdings mit etlichen Kautelen –, sofern die territorialen Forderungen reduziert würden); ferner pochte man erneut auf mündliche Verhandlungen. Brockdorff-Rantzau (der übrigens am 29. Mai seinen 50. Geburtstag feierte) machte kein Hehl daraus, daß er die Unterzeichnung des Vertrags ablehnen würde, wenn die deutschen Gegenvorschläge von den Alliierten nicht angenommen würden. In den ersten Junitagen bereitete er die Reichsregierung systematisch auf diese Eventualität vor, die in seinen Augen bereits eine Wahrscheinlichkeit geworden war.

Die deutsche Friedensdelegation, die in uneingeschränkter Loyalität hinter dem von Brockdorff-Rantzau verfolgten Kurs stand, erstrebte eine weitgehend von der Regierung unabhängige Aushandlung des Friedensvertrags, und tatsächlich führte das Kabinett sie anfänglich an langem Zügel. Doch bei einem Teil der Regierungsmitglieder wuchsen im Lauf des Mai die Bedenken gegen die von der Delegation betriebene Strategie, insbesondere die Taktik der Einzelnoten. Vor allem der eloquente und umtriebige Zentrumspolitiker Matthias Erzberger, Vorsitzender der Waffenstillstandskommission und Minister ohne Geschäftsbereich im Reichskabinett, profilierte sich immer stärker als der eigentliche Gegenspieler des Außenministers. Immer heftiger und offener opponierte er gegen dessen «Politik des herausfordernden Trotzes» (Klaus Epstein), die nach seiner Über-

zeugung zu verheerenden Folgen für Deutschland führen mußte. In einer Besprechung mit Scheidemann Ende Mai erklärte er
diesem, es sei ihm ganz unmöglich, den Standpunkt der Nichtunterzeichnung zu dem seinen zu machen; falls das Kabinett
dies beschließe, werde er zurücktreten. Über das Für und Wider
der Vertragsunterzeichnung verfaßte er ein Memorandum, das
er am 3. Juni dem Kabinett vorlegte. Im Fall der Vertragsunterzeichnung sah Erzberger schwere Belastungen auf das deutsche
Volk zukommen, aber als wesentlich schwerwiegender bewer-
tete er die Folgen einer Nichtunterzeichnung: Wiederaufnahme
des Kriegszustandes und alliierter Vormarsch tief nach Deutschland hinein, Verschärfung der Blockade mit der Konsequenz
enormer Zunahme der Not, völliger Entwertung des Geldes
und schwerer innerer Unruhen, Auseinanderfallen des Reiches:
«Die einzelnen Freistaaten werden dem Anerbieten und Druck
der Alliierten, mit ihnen Frieden zu schließen, nicht widerstehen
können.» Die Folgen eines durch Nichtunterzeichnung hervor-
gerufenen Einmarsches der Alliierten resümierte er so: «I. Zer-
trümmerung des Reiches, Auflösung desselben in Einzelstaaten … II. Nach kurzer Frist müßte doch Frieden geschlossen
werden, aber nicht vom Reich, sondern von den Einzelstaaten,
denen zur Bedingung gemacht würde, keine Einheitsbildung
mehr einzugehen. Dieser Friede wäre noch schlimmer als der
jetzige. III. Sturz der Regierung und Ersetzung derselben durch
Unabhängige und Kommunisten, Auflösung der Reichswehr-
brigaden, Ordnungslosigkeit im ganzen Lande.»

Nicht nur im Kabinett begannen sich die Meinungen zu
spalten. Auch in der Öffentlichkeit begleitete die vorherrschende Bekundung entschiedenen Abwehrwillens seit Mitte
Mai eine gewisse Resignation. Unter den Parteien trat die USPD
für die Unterzeichnung ein, auch wenn sie den Inhalt des Vertrags ablehnte. Bei SPD und Zentrum wuchs die Zahl derer,
die ähnlich dachten. Die einheitliche Stellungnahme gegen die
Unterzeichnung, wie sie sich nach dem 7. Mai manifestiert
hatte, war somit nicht mehr unangefochten, als man seit Anfang Juni gespannt auf die endgültigen Friedensbedingungen
wartete.

Die Phase des Abwartens endete am 16. Juni. Am Spätnach-
mittag dieses Tages übergab der Sekretär der Friedenskonferenz
dem Generalkommissar der deutschen Friedensdelegation im
Pavillon der Marquise de Pompadour das endgültige Vertragswerk, begleitet von einer umfänglichen «Mantelnote» und
einem Ultimatum, das die Annahme des Vertrags binnen fünf
Tagen verlangte (Generalkommissar Walter Simons erreichte
eine Fristverlängerung auf sieben Tage). Falls binnen dieser Frist
nicht die Bereitschaft zur Unterzeichnung erklärt werde, ende
unverzüglich der Waffenstillstand.

Bei der Vergleichung des Vertragstextes mit dem am 7. Mai
übergebenen Vertragsentwurf ergab sich, daß die Siegermächte
nur minimale Zugeständnisse gemacht hatten, etwa den Verbleib einiger kleiner Gebietsteile bei Deutschland, deren Abtretung an Polen im Vertragsentwurf bestimmt war. Die einzige
substantielle Änderung betraf Oberschlesien: Durch hartnäckiges Argumentieren hatte Lloyd George erreicht, daß statt der
Abtretung an Polen eine Volksabstimmung vorgesehen wurde.
Ansonsten verfielen die deutschen Gegenvorschläge einer glat-
ten Ablehnung, die in der Mantelnote ausführlich begründet
wurde. Dieses Dokument, verfaßt hauptsächlich vom britischen
Diplomaten Philip Kerr, bemühte sich um den Nachweis, der
Friede sei «seinem Grundwesen nach ein Rechtsfriede». In Reaktion auf das deutsche Insistieren in der Schuldfrage wurde die
These von der deutschen Kriegsschuld in aller Schärfe akzen-
tuiert und jetzt eindeutig als Verdikt gegen Deutschland formuliert. Die «Regierenden Deutschlands», so liest man, hätten beabsichtigt, «ihre Vorherrschaft mit Gewalt zu begründen. Sobald ihre Vorbereitungen vollendet waren, haben sie einen in
Abhängigkeit gehaltenen Bundesgenossen [Österreich-Ungarn]
dazu ermuntert, Serbien innerhalb achtundvierzig Stunden den
Krieg zu erklären. Von diesem Kriege ... wußten sie recht wohl,
er könne nicht lokalisiert werden und würde den allgemeinen
Krieg entfesseln. Um diesen allgemeinen Krieg doppelt sicher zu
machen, haben sie sich jedem Versuche der Versöhnung und Be-
ratung entzogen, bis es zu spät war ... Indessen beschränkt sich
die Verantwortlichkeit Deutschlands nicht auf die Tatsache, den

Krieg gewollt und entfesselt zu haben. Deutschland ist in gleicher Weise für die rohe und unmenschliche Art, auf die er geführt wurde, verantwortlich.» Genannt wurden die Gewaltexzesse beim deutschen Einmarsch in Belgien, der erstmalige Einsatz von Giftgas, die Eröffnung des Luft- und U-Boot-Kriegs. Im Schlussabschnitt der Mantelnote war nochmals explizit vom «verbrecherischen Charakter des von Deutschland angefangenen Krieges» die Rede sowie von der «barbarischen Methode, welche Deutschland in der Durchführung des Krieges angewandt hat».

Noch am Abend des 16. Juni trat Brockdorff-Rantzau mit dem größten Teil der Delegation die Reise nach Weimar an, um dort sein kategorisches «Nein» zum Friedensvertrag zu verfechten. Während der anderthalbtägigen Bahnreise wurde eine Denkschrift zu Papier gebracht und von den sechs Hauptdelegierten unterzeichnet: der Friedensvertrag sei «unerträglich», «unerfüllbar», «rechtsverletzend» und «unaufrichtig»; die deutsche Delegation sei daher der festen Überzeugung, «daß die deutsche Regierung den Vertrag auch in der jetzt vorliegenden Form ablehnen muß». Von den zu erwartenden Folgen einer Ablehnung des Vertrags findet sich kein Wort in dieser Denkschrift, die dazu bestimmt war, bei den bevorstehenden Kabinettsberatungen das vehemente Plädoyer des Außenministers gegen die Unterzeichnung zu unterstützen.

Es gibt in der deutschen Geschichte kaum eine andere Woche, die es an Dramatik des Geschehens mit den Tagen vom 16. bis zum 23. Juni 1919 aufnehmen kann. Nach der Ankunft der deutschen Friedensdelegation in Weimar am 18. Juni um 9 Uhr und dem Bekanntwerden des definitiven Vertragstextes und der Mantelnote begann – unter dem Druck der gesetzten Frist, die am 23. Juni um 19 Uhr ablief – ein Sitzungsmarathon, der seinesgleichen sucht: Sitzungen des Kabinetts und der Fraktionen, mehrfach bis spät in die Nacht, Besprechungen im interfraktionellen Ausschuß, Beratungen der Fraktionsführer untereinander und mit dem Reichspräsidenten, Tagung der Ministerpräsidenten der deutschen Länder, Zusammenkünfte von Vertretern aller Parteien der Ostprovinzen, Konferenz des Generalquar-

tiermeisters General Groener mit dem preußischen Kriegsmini-
ster und hohen Offizieren. Es ist schwierig, die Sitzungsverläufe
exakt zu rekonstruieren, denn von zahlreichen Beratungen, insbesondere von den Kabinettssitzungen, sind keine Protokolle
überliefert, wahrscheinlich wurde überhaupt nicht protokol-
liert; wie ein Beteiligter bemerkt, fanden «ununterbrochen mehr
oder weniger unformelle Besprechungen» statt. Nicht einmal
der Ausgang wichtiger Abstimmungen ist einwandfrei belegt:
was die Abstimmung im Kabinett über Annahme oder Ablehnung des Vertrags am späten Abend des 18. Juni angeht, er-
innerte sich Erzberger an ein Stimmenverhältnis von 7 : 7,
Landsberg an ein Ergebnis von 8 : 6 für die Ablehnung. So oder
so, der Reichspräsident, der die Sitzung leitete, erklärte das Kabinett für aktionsunfähig und stellte fest, daß die Entscheidung
nunmehr bei den Fraktionen liege.

Bei der Probeabstimmung in der SPD-Fraktion am Vormittag
des 19. Juni ergab sich ein Stimmenverhältnis von 75 : 39 zugunsten der Unterzeichnung (die Zahl der Unterzeichnungsgegner
schrumpfte in den folgenden Tagen auf zwölf). Auch bei einer
Zusammenkunft der Länderministerpräsidenten am Nachmittag zeichnete sich eine Mehrheit für die Unterzeichnung ab, für
die vor allem die süddeutschen Länderchefs eintraten. Über
Brockdorff-Rantzaus Auftritt vor diesem Gremium berichtet der
als Zuhörer anwesende General Groener: «Die Ausführungen
des Grafen Rantzau hinterließen auf die Anwesenden keinen be-
sonderen Eindruck. Ich für meinen Teil mußte mich sehr wun-
dern über den völligen Mangel an positiven Angaben über die
außenpolitische Lage. Es war weniger als Kombination, was
Graf Rantzau bot, und erhob sich nicht über kritiklose Gemein-
plätze, die man täglich in den Zeitungen lesen konnte. Was ich
insbesondere vermißte, das war eine klare Stellungnahme zu den
Absichten und dem Charakter der feindlichen Staatsmänner und
eine nüchterne Beurteilung der politischen, militärischen und
wirtschaftlichen Folgen im Falle der Ablehnung oder Annahme
des Friedensvertrages. Darüber konnte doch kein Zweifel sein,
daß die Grundlage für jeden Entschluß die kühle Erwägung der
Folgen des Entschlusses bilden mußte.»

Am 19. Juni wurde auch im Kabinett weiterberaten, ohne daß es zu einer Annäherung der Standpunkte oder zu einem veränderten Abstimmungsverhalten kam. In der Nacht vom 19. zum 20. Juni übermittelte Reichsministerpräsident Scheidemann daher dem Reichspräsidenten die Demission des Kabinetts. Der Außenminister reichte ein separates Rücktrittsgesuch ein, dem stattgegeben wurde.

Am 20. Juni stand das Deutsche Reich also ohne Regierung da. Der Tag war erfüllt von hektischen Bemühungen, ein neues Reichskabinett zu bilden. Da die DDP-Fraktion sich nur bei weitgehenden Konzessionen der Siegermächte zur Unterzeichnung bereitfinden wollte, erwog man, eine entsprechende «Zwischennote» an die Alliierten zu schicken, ließ dieses völlig aussichtslose Vorhaben dann aber doch fallen. Am Vormittag des 21. Juni einigten sich SPD und Zentrum, gemeinsam – ohne die DDP – die neue Regierung zu bilden, an deren Spitze der Sozialdemokrat Gustav Bauer trat; das Außenministerium übernahm Hermann Müller (SPD), das Reichsfinanzministerium Matthias Erzberger. Noch am 21. Juni beschloß das Kabinett, der Nationalversammlung die Unterzeichnung des Friedensvertrags zu empfehlen.

Zwei Ereignisse dieser Tage belasteten zusätzlich die Beziehungen zu den Alliierten: die Selbstversenkung der in der Bucht von Scapa Flow auf den Orkney-Inseln internierten deutschen Schlachtschiffe (21. Juni) und die öffentliche Verbrennung der 1870/71 von den Deutschen erbeuteten französischen Fahnen, deren Auslieferung an Frankreich der Friedensvertrag dekretierte und die von Freikorpssoldaten aus dem Zeughaus in Berlin herausgeholt worden waren (23. Juni).

Auf den 22. Juni, einen Sonntag, war die Nationalversammlung einberufen worden, um dem neuen Kabinett das Vertrauen auszusprechen und zum Friedensvertrag Stellung zu nehmen. Nach den vorgängigen Beratungen konnte mit einer Mehrheit für die Unterzeichnung gerechnet werden, weil – insbesondere auf Drängen des Zentrums – die Bereitschaft zur Unterzeichnung mit einem Vorbehalt verbunden wurde: «Die Regierung der deutschen Republik ist bereit, den Friedensvertrag zu unterzeichnen, ohne jedoch damit anzuerkennen, daß das deutsche Volk der Urheber des Krieges sei und ohne eine Verpflichtung nach Artikel 227 bis 230 des Friedensvertrags [Anklage gegen Wilhelm II., Auslieferung deutscher «Kriegsverbrecher»] zu übernehmen.» In seiner Rede übte Regierungschef Bauer massive Kritik am Vertrag und begründete, weshalb er (mit der Vorbehaltsklausel) trotzdem angenommen werden müsse. Die Sprecher von SPD, Zentrum und USPD erklärten für ihre Fraktionen die Bereitschaft zur Unterzeichnung, diejenigen von DDP, DVP und DNVP ihre ablehnende Haltung. Dann erfolgte die namentliche Abstimmung über den Antrag «Die Nationalversammlung ist mit der Unterzeichnung des Friedensvorschlages [!] einverstanden.» Mit 237:138 Stimmen (bei fünf Enthaltungen und einer ungültigen Stimme) wurde die Annahme des Friedensvertrags gebilligt, mit 235:89 Stimmen (bei 69 Enthaltungen und einer ungültigen Stimme) der Regierung das Vertrauen ausgesprochen. Um 16.22 Uhr war die Sitzung beendet, und sofort ging der Text der Note nach Versailles zur Übergabe an die Alliierten – gut 24 Stunden vor Fristablauf.

Aber postwendend lehnten die Siegermächte die deutschen Vorbehalte ab. In einer scharfen, von Wilson formulierten und von Clemenceau unterzeichneten Note forderten sie von den Vertretern Deutschlands «eine unzweideutige Erklärung ihres Willens, in seiner Gesamtheit den Vertrag in seiner endgültigen Form zu unterzeichnen und anzunehmen oder seine Unterzeichnung und Annahme abzulehnen». Auch die von deutscher Seite erbetene Fristverlängerung wurde verweigert.

Diese Nachricht ging um Mitternacht in Weimar ein. Bestürzung und Verzweiflung waren groß. Nun stand alles erneut auf Messers Schneide, denn in der Zentrumsfraktion wollte nach Ablehnung der deutschen Vorbehalte jetzt eine große Mehrheit den Vertrag ablehnen, auch war man sich der Zuverlässigkeit der Reichswehr nicht mehr ganz sicher; zahlreiche höhere Offiziere betrachteten die Auslieferungsforderung als Angriff auf ihre Ehre, man befürchtete eine Offiziersrevolte oder ein massenhaftes Ausscheiden aus dem Dienst (und damit eine Schwächung der Ordnungsmacht).

Unter dem Damoklesschwert des Fristablaufs jagte am Vormittag des 23. Juni eine Sitzung und Besprechung die andere. Um die Mittagszeit verhandelte der Reichspräsident mit den Fraktionsführern der Oppositionsparteien und stellte ihnen die Frage, ob die Ablehnungsgruppierungen zur Übernahme der Regierungsverantwortung bereit seien. Es erfolgte eine klare Absage, aber der DVP-Fraktionsvorsitzende Rudolf Heinze entwickelte jetzt die Überlegung, die Unterzeichnungsgegner könnten den Zustimmenden versichern, daß sie nicht an deren vaterländischer Gesinnung und Überzeugung zweifelten – das würde diesen ihr Votum erleichtern. Gleichzeitig wurde bekannt, daß General Groener eine Art Treueerklärung des Militärs abgegeben und eine Wiederaufnahme der Kampfhandlungen als «aussichtslos» bezeichnet habe. Unter diesen Umständen wuchs bei der Mehrheit der Zentrumsfraktion die Bereitschaft, die vorbehaltlose Annahme des Friedensvertrags mitzutragen. Trotzdem erschien der Ausgang der Abstimmung in der um drei Uhr zusammentretenden Nationalversammlung höchst unsicher, eine Zufallsmehrheit nach der einen oder anderen Seite nicht ausgeschlossen, weshalb man eine namentliche Abstimmung vermeiden wollte. Nach Eröffnung der Sitzung umriß Reichsministerpräsident Bauer die Zwangslage, in der sich Land und Regierung befanden, und empfahl lapidar: «Unterschreiben! Das ist der Vorschlag, den ich Ihnen im Namen des gesamten Kabinetts machen muß. Bedingungslos unterzeichnen! Ich will nichts beschönigen … Nur trennt uns jetzt eine Frist von knappen vier Stunden von der Wiederaufnahme der Feindseligkeiten. Einen neuen Krieg könnten wir nicht verantworten, selbst wenn wir Waffen hätten. Wir sind wehrlos. Wehrlos ist aber nicht ehrlos!»

Anschließend gaben die Sprecher von DDP, DNVP und DVP ihre kurzen Ehrenerklärungen ab, dann beschloß die Nationalversammlung «mit großer Mehrheit», daß die Regierung zur Unterzeichnung des Friedensvertrags ermächtigt bleibe. Nach einer halben Stunde war die Sitzung beendet. Wenige Minuten später wurde die Nachricht vom Beschluß der Nationalversammlung nach Versailles telegrafiert, um 16.40 Uhr übergab

der deutsche Vertreter in Versailles die Note über die beding-
ungslose Annahme der Friedensbedingungen an die alliierte
Verbindungskommission – rund zwei Stunden vor Fristablauf.
Die Wiedereröffnung der militärischen Kampfhandlungen war
abgewendet.

Die Annahme des Versailler Vertrags – war sie, so wie die
Dinge lagen, unvermeidlich, war sie verantwortbar? Oder hätte
die Ablehnung zu einem für Deutschland günstigeren Friedensschluß geführt, wie die Unterzeichnungsgegner behaupteten
und erwarteten? Darüber ist damals und später viel gestritten
worden. Inzwischen fällt das historische Urteil recht eindeutig
aus: Die Erwartungen der Unterzeichnungsgegner beruhten auf
gefährlichen Illusionen. Das gilt für die Hoffnung, bei Vertragsablehnung würden die Regierungen der Siegermächte durch innere Unruhen in ihren Ländern zum Einlenken gezwungen,
ebenso wie für die Unterschätzung der Entschlossenheit bei den
Siegern, das besiegte Deutsche Reich zum Nachgeben zu zwingen. Die Frage «Annehmen oder Ablehnen?» war schließlich
ein Kräftemessen zwischen Siegern und Besiegten, und es sprach
nichts dafür, daß die Sieger, nachdem sie den zwischen ihnen
mühsam ausgehandelten Vertrag als ihr «letztes Wort» dekla-
riert hatten, auf die Durchsetzung dieses Vertrags verzichten
würden. Schon damals konnte man wissen – und heute wissen
wir es ganz genau –, daß die alliierten Armeen bereitstanden,
um nach Fristablauf in Deutschland einzumarschieren, und diejenigen, die wie Marschall Foch den Vertrag als viel zu milde beurteilten, hofften geradezu auf eine deutsche Ablehnung, um
ihre weitreichenden Ziele doch noch zu erreichen.

Die von der politischen Führung der Siegerallianz gebilligte
Planung Fochs sah vor, Norddeutschland bis zur Weser zu besetzen und entlang der Mainlinie vorzurücken, so daß – in
Kooperation mit den Tschechen – Süd- und Norddeutschland
voneinander getrennt würden; mit den süddeutschen Ländern
würden dann separate Waffenstillstände und Friedensverträge
abgeschlossen (die Entwürfe lagen bereit). Auf diese Weise wäre
– wie Erzberger zutreffend prognostiziert hat – die Reichsein-
heit zerschlagen worden. So viel kann mit an Sicherheit gren-

zender Wahrscheinlichkeit für den Fall der Vertragsablehnung festgestellt werden. Darüber, wie es dann weitergegangen wäre, läßt sich indessen nur spekulieren.

Auch die Gegner der Unterzeichnung rechneten mit einem alliierten Einmarsch, aber es war schlechthin leichtfertig, wenn etwa Brockdorff-Rantzau meinte, die Argumente «Hungerblockade» und «feindlicher Einmarsch» seien nicht so gefährlich, der Einmarsch würde «ohne größere Folgen» für das Reich bleiben, und wenn er in der Kabinettsitzung am 18. Juni die Parole ausgab: «Durchhalten!» «Die Zeit laufe für uns.» Es zeugte von Weltfremdheit und völligem Realitätsverlust, wenn er am 21. Juni, einen Tag nach seinem Rücktritt, zu Theodor Wolff, Chefredakteur des «Berliner Tageblatts» und Unterzeichnungsgegner, haßerfüllt äußerte: «Ich war dicht am Ziel, aber dieser verbrecherische Erzberger hat alles ruiniert.» Schlichtweg unverantwortlich handelte er, als er in seinem Rücktrittsgesuch gewissermaßen eine zweite Version der Dolchstoßlegende konstruierte, indem er das Scheitern seiner Friedensstrategie auf die innenpolitische Situation, auf die mangelnde Bereitschaft der Bevölkerungsmehrheit zum Durchhalten zurückführte. Sein Propagandafeldzug gegen den Versailler Vertrag lieferte der politischen Rechten Schlagworte, die sich bald gegen die Republik richteten.

Leider hat man mithin zu konstatieren, daß Graf Brockdorff-Rantzau, der kaiserliche Diplomat, der am Kriegsende oberflächlich zum Demokraten mutierte, eine Fehlbesetzung für das Amt des Außenministers und des Chefs der deutschen Friedensdelegation war. Zwar wäre der Inhalt des Versailler Vertrags kaum anders ausgefallen, als er ausfiel, wäre eine andere, flexiblere, weniger auf «Ehre» und «Würde» fixierte Friedensstrategie verfolgt worden und der deutsche Verhandlungsführer konzilianter aufgetreten. Aber Brockdorff-Rantzaus aggressive Strategie hat Illusionen erzeugt, die an den Realitäten scheitern mußten und verhängnisvolle Auswirkungen hatten. Durch sein Auftreten verspielte er die ohnehin geringen Chancen auf Gehör für die Deutschen, und seine Argumentation ersparte es seinen Landsleuten, sich sachlich und konstruktiv mit der Kriegsschuldfrage auseinanderzusetzen, wie seine Biographin Christiane Scheidemann zu Recht bemerkt: «So wurde das Odium der moralischen Diffamierung des deutschen Volkes durch den Versailler Vertrag bis zum Ausbruch des Zweiten Weltkrieges zu einer der Säulen des politischen Selbstzerstörungsmechanismus der Weimarer Republik.»

Nachdem sich Regierung und Nationalversammlung des Deutschen Reichs dem Ultimatum der Siegermächte gebeugt und den Versailler Vertrag angenommen hatten, drängten die Alliierten auf eine rasche Vertragsunterzeichnung. Clemenceau als Präsident der Friedenskonferenz verlangte ultimativ, bis 26. Juni 10 Uhr müßten die Namen und die Ankunftszeit der deutschen Bevollmächtigten feststehen. Das Kabinett beschloß am 25. Juni die Entsendung von Außenminister Hermann Müller und Zentrumsminister Bell. Die beiden traten am Abend des 26. Juni die Reise nach Versailles an, wo sie am Morgen des 28. Juni eintrafen. Um drei Uhr nachmittags fand die Unterzeichnungszeremonie statt, die eingangs geschildert wurde.

Da Clemenceau in einer Note vom 27. Juni zugesichert hatte, nach erfolgter Ratifikation werde die gegen Deutschland verhängte Blockade aufgehoben, beschleunigte die Reichsregierung das Ratifikationsverfahren. Bereits am 9. Juli verabschiedete die Nationalversammlung mit 209 : 116 Stimmen das Ratifikationsgesetz. Die Ratifikationsurkunde traf zwei Tage später in Paris ein, einen Tag danach wurde die Blockade tatsächlich aufgehoben. Zum Bestandteil des deutschen Staatsrechts wurde der Versailler Vertrag durch das Gesetz über den Friedensschluß vom 16. Juli 1919. Aber erst nachdem auch die Parlamente Frankreichs, Großbritanniens und Italiens die Ratifizierung vorgenommen hatten, trat der Versailler Vertrag am 10. Januar 1920 in Kraft.

Es gilt noch einen kurzen Blick auf die Friedensverträge zu werfen, die mit den Verbündeten Deutschlands abgeschlossen und – gleich dem Versailler Vertrag – in Pariser Vororten unterzeichnet wurden (deshalb «Vorortverträge»). Wenngleich die grundsätzlichen Entscheidungen auf der Pariser Friedenskonferenz getroffen worden waren, sind diese Verträge – nicht zuletzt wegen der längere Zeit ungeklärten inneren Verhältnisse in diesen Ländern – erst Monate nach dem Versailler Vertrag unterzeichnet worden, mit Österreich am 10. September 1919 in St. Germain-en-Laye, mit Bulgarien am 27. November 1919 in Neuilly-sur-Seine, mit Ungarn am 4. Juni 1920 in Trianon, mit der Türkei gar erst am 10. August 1920 in Sèvres. Den einstigen Verbündeten Deutschlands wurden neben Heeresbeschränkungen und Reparationen umfangreiche Gebietsabtretungen auferlegt. Österreich hatte die Selbständigkeit Ungarns, Polens, der Tschechoslowakei und des Königreichs der Serben, Kroaten und Slowenen (mit den an sie erfolgten Gebietsabtretungen) anzuerkennen und mußte Südtirol bis zum Brenner, das «Küstenland» mit Triest und Istrien, Krain und Dalmatien sowie Gebiete von Kärnten und der Steiermark abtreten. Außerdem wurden dem neuen Bundesstaat Österreich der Name «Deutsch-Österreich» sowie der durch Beschluß der Wiener Nationalversammlung beabsichtigte Anschluß an das Deutsche Reich vertraglich untersagt. Ungarn ist (neben dem Osmanischen Reich) territorial am stärksten reduziert worden: Slowakei und Karpathen-Ukraine fielen an die Tschechoslowakei, Galizien an Polen, das Burgenland an Österreich, Kroatien-Slawonien und Teile des Banat an das Königreich der Serben, Kroaten und Slowenen, der übrige Teil des Banat und ganz Siebenbürgen an Rumänien. Etwas glimpflicher als die Ungarn kamen die Bulgaren davon. Während sie im Norden die Grenze von 1913 behielten, verloren sie thrakische Gebiete an Griechenland, erhielten jedoch freien Zugang zum Ägäishafen Alexandropolis zugestanden.

Da durch die neuen Grenzziehungen große ethnische Minderheiten in einem «fremden» Land zu leben gezwungen waren, nahmen die maßgeblichen Siegermächte den Minderheitenschutz in die Friedensverträge auf und bestanden auf dem Abschluß von Minderheitenschutzverträgen, durch die den Minderheiten Freiheit der Sprache, der Religionsausübung, der kulturellen Einrichtungen, besonders Schulen mit Unterricht in der jeweiligen Muttersprache garantiert wurden (die Bestimmungen sind später jedoch vielfach umgangen worden).

Einen Sonderfall stellt das Osmanische Reich dar, dessen Auflösung beschlossene Sache war. Außer den USA suchte jeder der Siegerstaaten möglichst ausgedehnte Gebiete unter seine Kontrolle zu bringen. Das Tauziehen um das, was bis 1918 das Osmanische Reich gewesen war, zog sich über fast zwei Jahre hin, so daß erst am 10. August 1920 in Sèvres ein Friedensvertrag unterzeichnet werden konnte. Griechenland erhielt Thrakien, verschiedene ägäische Inseln und Smyrna mit Hinterland (nach fünf Jahren Plebiszit), Frankreich Syrien und Kilikien, Italien Rhodos und die übrigen Inseln des Dodekanes sowie Südwestanatolien; Großbritannien, an das Mesopotamien (Irak) und Palästina fielen, übte das Protektorat über Arabien aus, Ägypten und Zypern blieben unter britischer, Tripolitanien unter italienischer Herrschaft; Türkisch-Armenien wurde (für kurze Zeit) ein selbständiger Staat. Außerdem mußte der Sultan der Internationalisierung der Meerengen, der Besetzung Konstantinopels und einer alliierten Finanz- und Militärkontrolle zustimmen. Aufgrund dieser Bestimmungen schrumpfte das einstige Osmanische Reich auf einen türkischen Reststaat, bestehend aus Konstantinopel mit Hinterland und Anatolien – einen Staat mit zehn Millionen Einwohnern in vollständiger finanzieller, wirtschaftlicher und politischer Abhängigkeit von den drei westeuropäischen Großmächten.

Doch der Vertrag von Sèvres ist nicht in Kraft getreten. Er wurde von der türkischen Regierung zwar unterzeichnet, aber nicht ratifiziert. Denn als nach langen Auseinandersetzungen der Vertrag zustandegekommen war, befanden sich weite Teile Anatoliens seit Monaten in offenem Aufruhr gegen die Regierung des Sultans. Unter Führung des charismatischen Generals Mustafa Kemal Pascha (Atatürk) hatte sich seit 1919 der Widerstand der nationalistisch-republikanischen Kräfte formiert. Ihnen gelangen entscheidende Siege über die in Kleinasien operierenden griechischen Streitkräfte und schließlich deren Verdrängung aus Westanatolien (1920–1922); 1921 zogen sich die Franzosen aus Kilikien zurück, 1922 die Italiener aus Südwestanatolien. Nach der Absetzung des Sultans (1922) und langwierigen Verhandlungen mit den Alliierten erlangte die türkische

Republik durch den Frieden von Lausanne (24. Juli 1923) Souveränität und (in etwa) ihren heutigen Gebietsumfang. Dieser Friedensvertrag besitzt bis heute auch deshalb hohe Bedeutung, weil erstmals Zwangsumsiedlungen großer Bevölkerungsgruppen (Griechen – Türken) völkerrechtlich sanktioniert wurden.

Wenn es den Türken gelungen ist, den desaströsen Vertrag von Sèvres durch Nichtratifizierung zum Scheitern zu bringen, so geschah dies unter einzigartigen Voraussetzungen, die – wie Gerhard Schulz mit Recht anmerkt – «keinerlei Vergleich mit anderen besiegten Ländern des Weltkriegs» erlauben. Es ließe sich eine Fülle von Charakteristika aufzählen, doch der entscheidende Unterschied zwischen der Türkei und etwa dem Deutschen Reich bestand in der ungleich größeren Bedeutung des deutschen Problems für alle Hauptalliierten, weshalb die Erzwingung der Annahme des Versailler Vertrags durch Deutschland für die Siegermächte zur Prestigefrage schlechthin wurde. Aus dem «Fall Türkei» läßt sich deshalb kein beweiskräftiges Argument zugunsten der Ansicht ableiten, bei einer Verweigerung der Unterschrift unter den Versailler Vertrag hätte das Deutsche Reich günstigere Friedensbedingungen erreichen können.

Kapitel VI

«Versailles» und die Deutschen

Nach der Unterzeichnung des Versailler Vertrags kamen die Deutschen nicht darüber hinweg, daß ihnen ein «gerechter» Frieden, auf den sie einen Anspruch zu haben glaubten, versagt worden war – ohne sich zu fragen, wie denn ein für Besiegte und Sieger gleichermaßen «gerechter» Friede hätte aussehen sollen, angesichts von Niederlage und Sieg in einem Krieg von solchen Dimensionen, wie sie der Weltkrieg angenommen hatte. «Versailles» wurde zum großen Trauma der Deutschen in der Zwischenkriegszeit und zu einer schweren Hypothek, die die junge Republik auf sich zu nehmen hatte. Sowohl die Modalitäten des Zustandekommens wie die konkreten Bestimmungen des «Diktats» von Versailles waren Gegenstand einer leidenschaftlichen Kritik, die oft mit äußerster Maßlosigkeit artikuliert wurde. In keiner Frage waren sich die zerstrittenen Parteien und politischen Lager so einig wie in der Verurteilung des Friedensvertrags, wobei vor allem der «Kriegsschuld»-Artikel die Gemüter erregte und nahezu einmütig abgelehnt wurde. Auch die politische Linke und Mitte war stark auf den «Versailles-Komplex» fixiert und sah im Friedensvertrag mit seinen Auswirkungen eine Hauptursache für die Misere der deutschen Republik. Und die politische Rechte suchte mit zügelloser Agitation gegen «Schmachfrieden» und «Erfüllungspolitik» ganz gezielt die demokratische Republik zu erschüttern und deren Existenz zu untergraben.

Weshalb ist es in Deutschland nach Weltkrieg und Friedensschluß nicht zu einer produktiven Auseinandersetzung mit der Kriegsniederlage und ihren Ursachen gekommen? Bei der Suche nach Antworten auf diese Frage stößt man auf eine Gemengelage von objektiven Tatbeständen und spezifischen deutschen Befindlichkeiten.

Sprechen wir zuerst von den objektiven Härten und Belastungen. Zweifellos enthielt der Friedensvertrag drakonische Bestimmungen, die Deutschland extreme Belastungen auferlegten. Das gilt für die territorialen Verluste ebenso wie für die Verpflichtung zu gewaltigen Reparationsleistungen; deren genaue Höhe stand zwar zunächst noch nicht fest, aber es war von vornherein klar, daß kolossale Wiedergutmachungsforderungen zu erwarten waren. Immerhin: Gebietsabtretungen und Leistung von Kriegsentschädigung gehörten gewissermaßen zu den «normalen» Kosten eines verlorenen Krieges, entsprechende Bestimmungen begegnen in allen Friedensverträgen des 19. Jahrhunderts. Doch abgesehen von dem ungewöhnlichen Ausmaß sowohl der territorialen Einbußen wie der auferlegten wirtschaftlichen Verpflichtungen waren es zwei neuartige Sachverhalte, die erschwerend hinzutraten und die Deutschen in ihrem Anti-Versailles-Furor bestärkten: zum einen die tiefe Demütigung, die den Besiegten zusätzlich zur Härte der Bestimmungen beim Friedenschließen zugefügt wurde, zum anderen die langdauernde Präsenz des Krieges auch nach dem Friedensschluß. Zu beiden Sachverhalten einige Anmerkungen.

Wie die Übergabe der Friedensbedingungen und der Unterzeichnungsakt absichtsvoll als die Repräsentanten Deutschlands demütigende Prozeduren inszeniert wurden, ist geschildert worden. Daß das «Fehlen eines Elements der Ritterlichkeit», das Wilsons Berater Oberst House am 7. Mai 1919 bedauernd registrierte, durch die Umstände zwingend geboten war, wird man nicht behaupten können. Hier obsiegten Ranküne und der Wille, am besiegten Gegner ein Strafgericht zu vollziehen, über ruhige Überlegung und die Wahrung der Formen, die bisher zwischen Siegern und Besiegten als selbstverständlich gegolten hatten. Da gerade von französischer Seite immer wieder auf die Ungeheuerlichkeit des «ersten» Versailler Friedens von 1871 hingewiesen wurde, sei kurz an die Vorgänge im Februar 1871 erinnert. Die dem besiegten Frankreich auferlegten Bedingungen wurden von den Franzosen als außerordentlich hart empfunden, waren es nach den Maßstäben der Zeit auch – doch wie begegnete der Sieger dem Besiegten? Der französische Unterhändler Adolphe

Thiers, von der französischen Nationalversammlung am 16. Februar 1871 zum «Chef der Exekutive» gewählt, wurde vor Aufnahme der Verhandlungen zuerst von Kaiser Wilhelm I., dann vom Kronprinzen mit ausgesuchter Höflichkeit in Audienz empfangen. Die Verhandlungen mit Thiers führte Bismarck überwiegend unter vier Augen, wobei er sich der französischen Sprache bediente, weil Thiers des Deutschen nicht mächtig war. Unterzeichnet wurde der Präliminarfrieden am 26. Februar in Bismarcks bescheidener Unterkunft rue de Provence 14 in kleinem Kreis, ohne jeden Pomp. Thiers hat nicht vergessen, daß man ihm damals mit Achtung begegnet war. Dem deutschen Botschafter Fürst Hohenlohe-Schillingsfürst sagte er bei dessen Antrittsbesuch am 16. Juli 1874: Er sei mit dem Fürsten Bismarck schon seit langer Zeit befreundet, und die Friedensverhandlungen hätten dieses Gefühl noch vermehrt. Bismarck habe ihm die Sache sehr erleichtert und die Bedingungen so viel als möglich ermäßigt – fügte aber hinzu: «Das werde ich meinen Landsleuten nicht sagen, die meinen, man sei uns gegenüber viel zu hart gewesen.»

Als schwere nationale Demütigung empfand ein Großteil der Deutschen, insbesondere bürgerlich-nationalistische Kreise, die «Strafbestimmungen» des Versailler Vertrags, die beabsichtigte Anklageerhebung gegen Exkaiser Wilhelm II. vor einem Internationalen Gerichtshof sowie die Auslieferung deutscher Offiziere und Soldaten, die der Verübung von «Kriegsverbrechen» bezichtigt wurden, zur Aburteilung durch alliierte Militärgerichte. Wie wir gesehen haben, wäre an diesen Artikeln, in denen der Strafcharakter des Vertrags besonders deutlich zum Ausdruck kam, die Unterzeichnung des Friedensvertrags beinahe gescheitert. Bei diesen Artikeln handelt es sich ebenso um ein Novum in der Geschichte moderner Friedensverträge wie bei der Fixierung der «Kriegsschuld» im Artikel 231 des Vertrags. Daß die Frage der Kriegsschuld zum alles beherrschenden Signum des Versailler Vertrags wurde, war allerdings in erheblichem Maße auf die verfehlte, vor allem von Graf Brockdorff-Rantzau zu verantwortende deutsche Friedensstrategie zurückzuführen.

Tatsächlich enthält nämlich Artikel 231 den Begriff der Schuld selbst gar nicht, er stellt lediglich fest, «Deutschland und seine Verbündeten» seien «Urheber aller Verluste und aller Schäden», «welche die alliierten und assoziierten Regierungen und ihre Angehörigen infolge des ihnen durch den Angriff Deutschlands und seiner Verbündeten aufgezwungenen Krieges erlitten haben». Damit sollte, am Anfang des Kapitels «Wiedergutmachungen», eine juristische Haftung des Deutschen Reichs und seiner Verbündeten rechtlich verankert werden. Erst in der alliierten Mantelnote vom 16. Juni 1919 wurde die Kriegsschuld-These in aller Schärfe als moralisches Kriegsschuldverdikt artikuliert – in Reaktion auf die Mantelnote der deutschen Friedensdelegation, die eine maßgebliche deutsche Schuld an der Auslösung des Krieges abstritt. Da die alliierte Mantelnote keinen Bestandteil des Vertrags bildete, mußte sie vom Deutschen Reich nie offiziell anerkannt werden. Aber die deutsche Seite stellte die Behauptung einer deutschen *Allein*schuld (Art. 231 sprach von «Deutschland und seinen Verbündeten») ins Zentrum ihrer Agitation gegen den Versailler Vertrag, um durch die Widerlegung der angeblichen deutschen Alleinschuld einen Hebel zur Totalrevision des gesamten Vertragswerks zu gewinnen. Daß in Deutschland die Diskussion um Versailles so stark durch die Schuldfrage dominiert wurde, war somit zu einem nicht geringen Teil auf diese – von einem breiten Konsens in der Bevölkerung getragene – Stoßrichtung der deutschen Politik zurückzuführen. Der sozialdemokratische Politiker Carlo Mierendorff, Frontoffizier des Ersten Weltkriegs, hat ganz mit Recht 1930 vor den «Schuldlügenfanatikern» gewarnt, die das «fragwürdigste Material ohne verbindlichen Wert heranschleppten, um ihre These von der Schuldlüge zu befestigen». In diesem Zusammenhang nannte er die innerdeutsche Kriegsschuld-Diskussion die «einzigartige Autosuggestion eines ganzen Volkes, das einen Vertragsartikel zu seinen Ungunsten interpretiert, sich gedemütigt fühlt und Revision erheischt».

Wenden wir uns nun jenem Sachverhalt zu, den man als die fortdauernde Präsenz des Krieges auch nach dem Friedensschluß bezeichnen kann. Mit dem Inkrafttreten des Friedensvertrags lagen die deutschen Grenzen noch nicht fest. Wie bereits erwähnt wurde, mußten in verschiedenen Gebieten des Reichs Volksabstimmungen durchgeführt werden; erst aus deren Ausgang würde die endgültige Grenzziehung resultieren. Im Vorfeld dieser Plebiszite kam es jeweils zu emotional geführten Propagandakampagnen. Abstimmungsberechtigt waren die über zwanzig Jahre alten Männer und Frauen, die in den betreffenden Gebieten geboren waren oder dort ihren dauernden Wohnsitz hatten.

Was das Gebiet Eupen-Malmedy angeht, so kann hier von einer wirklichen Volksabstimmung nicht gesprochen werden; vielmehr handelte es sich um eine Farce: Diejenigen der rund 61000 Einwohner der beiden preußischen Landkreise, die bei Deutschland bleiben wollten, konnten sich unter Überwachung durch die belgische Polizei in öffentlich ausliegende Listen eintragen. Daß dies unter den gegebenen Umständen nur eine Minderheit tat, war verständlich. Das Gebiet fiel, wie im Versailler Vertrag vorgesehen, an Belgien.

In den zwei Zonen Nordschleswigs wurde am 10. Februar und 14. März 1920 abgestimmt; erwartungsgemäß entschied sich jeweils eine deutliche Mehrheit in der nördlichen Zone für den Anschluß an Dänemark, in der südlichen Zone für den Verbleib bei Deutschland. Beim Plebiszit in Teilen Ost- und Westpreußens am 11. Juli 1920 sprach sich eine überwältigende Mehrheit für den Verbleib im Deutschen Reich aus, so daß nur wenige Dörfer an Polen fielen (vgl. Karte S. 62, auch zum folg.).

Am heftigsten umkämpft war Oberschlesien, wo alliierte Besatzungstruppen stationiert waren und seit Februar 1920 die Regierungsgewalt von einer Interalliierten Regierungs- und Plebiszitkommission ausgeübt wurde. Diese Kommission, an deren Spitze ein französischer General stand, duldete eine Vielzahl gewalttätiger Aktionen der polnischen Seite (bis hin zu Aufstandsaktionen). Das Plebiszit am 20. März 1921 erbrachte jedoch ein für Deutschland günstiges Ergebnis: fast 60% votierten für den Verbleib Oberschlesiens beim Deutschen Reich, nur gut 40% für den Anschluß an Polen. Daraufhin entfesselten polnische Insurgenten Anfang Mai 1921 einen weiteren Aufstand, in dem

die französischen Besatzungstruppen die Polen begünstigten,
während die Engländer, die das Industriegebiet bei Deutschland
belassen wollten, die Organisierung eines deutschen Selbst-
schutzes zuließen. Die Auseinandersetzung um Oberschlesien
endete trotz militärischer Erfolge der deutschen Freikorps (Er-
stürmung des Annabergs am 23. Mai 1921) mit einer herben
Enttäuschung für Deutschland, wo man gehofft und erwartet
hatte, auf Grund des Plebiszitergebnisses würde das ganze
Oberschlesien beim Reich bleiben. Am 20. Oktober 1921 beschloß der Oberste Rat der Alliierten eine Teilung des Abstim-
mungsgebiets (die im Versailler Vertrag als Möglichkeit vorgesehen war) – mit einer für Deutschland ungünstigen Grenzziehung. Das ostoberschlesische Industrierevier fiel fast ganz an
Polen (3213 qkm mit rund einer Million Einwohnern; in diesem
Gebiet hatten etwa 56% der Bevölkerung für Polen gestimmt);
bei Deutschland verblieb der umfangmäßig größere, aber indu-
striell weniger wertvolle Teil Oberschlesiens. Erst mit der Entscheidung über Oberschlesien besaß das Deutsche Reich eindeutig festgelegte Grenzen, nahezu drei Jahre nach Kriegsende.

Erst fünfzehn Jahre nach Inkrafttreten des Friedensvertrags
(also am 11. Januar 1935) durfte die Bevölkerung des Saargebiets in einem Plebiszit entscheiden, ob sie die Beibehaltung der
durch den Versailler Vertrag geschaffenen Rechtsordnung, die
Vereinigung mit Frankreich oder die Vereinigung mit Deutschland wünschte. Bis dahin war die Souveränität des Deutschen
Reiches über das Saargebiet suspendiert (vgl. Karte S. 61).

Vom Dezember 1918 an hielten alliierte Truppen das gesamte
linksrheinische Deutschland sowie die rechtsrheinischen Brük-
kenköpfe bei Köln, Koblenz, Mainz und (seit Januar 1919)
Kehl besetzt. Ein Gebiet von 22 000 qkm mit 4 1/2 Millionen
Einwohnern war so (auf eine Dauer von bis zu fünfzehn Jahren)
der vollen Souveränität des Deutschen Reiches entzogen und
einer Interalliierten Rheinlandkommission unterstellt, in der die
Franzosen das Sagen hatten. Das Besetzungsgebiet wurde 1920
und 1921 im Zuge von «Sanktionen» zeitweilig auf weitere
rechtsrheinische Bezirke ausgedehnt. Als schroffste dieser Sanktionen erfolgte im Januar 1923 die Besetzung des ganzen Ruhr-

gebiets durch französische und belgische Truppen (sie dauerte bis 1925). Die Besatzungskosten waren vom Deutschen Reich zu tragen, sie sollen sich bis Juli 1922 bereits auf acht Millionen Goldmark belaufen haben. Da für die Unterbringung der Besatzungssoldaten die vorhandenen Kasernen nicht ausreichten, wurden zahlreiche Privatwohnungen beschlagnahmt, am 1. September 1921 waren es 15 000. Die Stationierung der Besatzungstruppen war folgendermaßen geregelt: belgische Truppen am Niederrhein, britische in der Region Köln, amerikanische (bis 1923) in der Zone Koblenz, französische zwischen Aachen und Bonn sowie im gesamten Gebiet südlich der Mosel. Nach dem Abzug der Amerikaner übernahmen die Franzosen auch die Zone Koblenz, so daß das französische Übergewicht noch zunahm. Die Stärke der französischen Okkupationsarmee betrug am 1. Februar 1920 94 000 Mann; hinzu kamen 15 000 Belgier, 10 000 Amerikaner und 8000 Briten.

Daß etwa die Hälfte der französischen Rheinarmee aus sogenannten Eingeborenen-Regimentern bestand (Nordafrikanern, Senegalesen, Soldaten aus Indochina), löste in Deutschland helle Empörung aus, denn man sah sich durch die Stationierung farbiger Besatzungstruppen selbst zum «Kolonialstaat» degradiert. Die nationale Entrüstung gegen die Kolonialtruppen richtete sich in erster Linie gegen das wohl auffälligste Symbol der deutschen Niederlage und machte sich in einer vehementen Kampagne gegen die «Schwarze Schmach» Luft. Sie erreichte einen ersten Höhepunkt im April 1920, nachdem marokkanische Truppen bei der Sanktionsbesetzung von Frankfurt in die erregte Menschenmenge hinein geschossen hatten. Auch in der Folgezeit kam es vereinzelt zu brutalen, willkürlichen Ausschreitungen farbiger Soldaten, die der Empörung neue Nahrung gaben, allerdings in Berichten der deutschen Presse oft übertreibend, manchmal sogar frei erfunden dargestellt wurden. Daß die französischen Behörden gerade bei der Strafverfolgung farbiger Angeklagter in der Regel kompromißlos vorgingen und exemplarische Strafen verhängten, wurde nicht zur Kenntnis genommen und vermochte die Virulenz des Schlagworts von der Schwarzen Schmach nicht zu schwächen. Reichspräsident Friedrich Ebert ließ sich 1923 so vernehmen: «Daß die Verwendung farbiger Truppen niederster Kultur als Aufseher über eine Bevölkerung von der hohen geistigen und wirtschaftlichen Bedeutung der Rheinländer eine herausfordernde Verletzung der Gesetze europäischer Zivilisation ist, sei auch hier erneut in die Welt hinausgerufen.» Obwohl der Anteil farbiger Soldaten in der französischen Okkupationsarmee nach 1923 nicht abnahm (beispielsweise waren 1924 von 12 800 französischen Soldaten in der Pfalz über die Hälfte Marokkaner), ebbte die Kampagne gegen die Schwarze Schmach allmählich ab, wohl vor allem wegen der Entspannung in den deutsch-französischen Beziehungen.

Ausweis fortdauernder Fremdherrschaft war auch die Interalliierte Militär-Kontrollkommission mit Sitz in der Reichshauptstadt. Die Kommission, in der die Franzosen ein starkes Übergewicht besaßen (150 von insgesamt 337 alliierten Offizieren), hatte die Durchführung der deutschen Abrüstung zu kontrollieren. Zu diesem Zweck fuhren ihre uniformierten Mitglieder auf der Suche nach versteckten Waffenlagern überall in Deutschland herum. Erst 1927 zog die Kommission, deren Kosten das Reich zu tragen hatte, aus Deutschland ab.

Allgegenwärtig war selbstverständlich auch die Reparationsfrage. Sie stand bis 1932 im Mittelpunkt der zwischenstaatlichen Auseinandersetzungen um die Durchführung des Versailler Vertrags, und sie führte in Deutschland permanent zu erbittertem innenpolitischem Streit. Im Versailler Vertrag war, wie dargelegt wurde, die Verpflichtung des Reichs zur Leistung von Reparationen konstatiert, aber keine bestimmte Summe festgelegt worden. Vielmehr erhielt die mit großen Vollmachten ausgestattete Reparationskommission den Auftrag, bis zum 1. Mai 1921 den Gesamtbetrag der Reparationen zu ermitteln und einen Zahlungsplan auszuarbeiten. Nach langwierigen Auseinandersetzungen einigten sich die Siegermächte auf einen Verteilungsschlüssel und im Januar 1921 auf eine deutsche Gesamtschuld in Höhe von 226 Milliarden Goldmark, die in einem Zeitraum von 42 Jahren abgetragen werden sollte. Die Reichsregierung wurde aufgefordert, diese Beschlüsse anzunehmen.

Als die Regierung die Annahme der Bedingungen ablehnte, besetzten am 8. März 1921 französische Truppen Düsseldorf, Duisburg und Ruhrort; die Grenze zwischen dem besetzten Gebiet und dem übrigen Reichsgebiet verwandelte sich in eine Zollgrenze.

Ganz ohne Eindruck waren die deutschen Proteste indessen nicht geblieben. Im April setzte die Reparationskommission den Gesamtbetrag der Reparationen auf 132 Milliarden Goldmark fest und stellte zugleich einen Zahlungsplan auf. Dieser sogenannte «Londoner Zahlungsplan» war kompliziert aufgebaut und lief darauf hinaus, daß Deutschland bis zur Tilgung seiner Schuld jährlich zwei Milliarden Goldmark und 26% des Wertes seiner Ausfuhr (ungefähr eine weitere Milliarde) zu zahlen hatte. Dieser am 6. Mai 1921 Deutschland zugestellte Plan war begleitet von einem auf sechs Tage befristeten Ultimatum, das bei Nichtannahme die sofortige Besetzung des Ruhrgebiets androhte. Diesem Ultimatum beugte sich Deutschland; mit 220:172 Stimmen votierte der Reichstag für die Annahme des Londoner Zahlungsplans. Die damit eingeleitete Phase der von den deutschen Nationalisten vehement bekämpften «Erfüllungspolitik» dauerte nur bis Ende 1922. Als Deutschland mit Sachlieferungen in Verzug geriet, sah die französische Regierung den Zeitpunkt und die Möglichkeit gekommen, langgehegte Wünsche ihrer Realisierung näherzubringen: Im Januar 1923 besetzten französische und belgische Truppen das Ruhrgebiet, was die deutsche Regierung mit der Proklamierung des «passiven Widerstands» beantwortete, durch den die bereits ohnehin angeschlagene deutsche Währung vollends ruiniert wurde.

Erst nach dem bedingungslosen Abbruch des Ruhrkampfs, der Sanierung der deutschen Währung und dem amerikanischen Engagement in einer Sachverständigenkommission kam es zu einer Wende im Kampf um die Reparationen. Mit dem Dawes-Plan (August 1924) wurde die politische Instrumentalisierung des Reparationsproblems abgelöst durch die Festlegung von Zahlungen unter Gesichtspunkten des für Deutschland wirtschaftlich Möglichen. Die außerordentlich hohen Annuitäten der früheren Pläne wurden ersetzt durch Beträge, die wenigstens für die ersten Jahre erträglich waren und zunächst sogar großenteils durch den Erlös einer internationalen Anleihe aufgebracht werden konnten. Als die Phase der «normalen» Annuitäten begann, wurde der Dawes-Plan 1930 ersetzt durch den Young-Plan, der wieder für die ersten Jahre niedrigere Annuitäten vorsah, aber eine Laufzeit der deutschen Verpflichtungen von 59 Jahren festlegte. Gegen die Annahme des Young-Plans lief die «nationale Opposition» Sturm. Obwohl das von DNVP und NSDAP erzwungene Volksbegehren gegen den Young-Plan kläglich scheiterte (nur 13,8% der Wahlberechtigten votierten zustimmend), bewirkte die hemmungslose Kampagne einen ungeheuren nationalistischen Radikalisierungsschub und machte die NSDAP für bürgerlich-konservative Kreise hoffähig. Der Young-Plan war indessen nur kurze Zeit in Kraft. Nach dem Hoover-Moratorium vom 20. Juni 1931, das die Reparationen für ein Jahr stundete, beendete das Abkommen von Lausanne (9. Juli 1932) faktisch die deutschen Reparationszahlungen.

Wie ist die vom Deutschen Reich aufgebrachte Gesamtleistung an Reparationen zu beziffern? Nach den deutschen Berechnungen waren es 67,7 Milliarden Goldmark, nach den alliierten Berechnungen lediglich 21,8 Milliarden Goldmark – die erhebliche Diskrepanz erklärt sich durch die unterschiedliche Bewertung zahlreicher Leistungspositionen. Wie auch immer: Es waren gewaltige Geldbeträge und Sachleistungen, die Deutschland als «Wiedergutmachung» erbracht hat.

Waren schon die objektiven Härten des Friedensvertrags eine schwer zu tragende Last, so wurde diese noch potenziert durch die Art, in der die Deutschen – oder zumindest eine große Mehrheit der Deutschen – mit der Kriegsniederlage umgingen. Sie haben diese Niederlage innerlich nicht akzeptiert. Mehrheitlich verschlossen sie sich der Einsicht, daß eine totale militärische Niederlage in einem solchen Weltkrieg einen drakonischen Friedensvertrag nach sich ziehen mußte. Und vielen, allzu vielen kam gar nicht zum Bewußtsein, daß die Mittelmächte in den Sommer- und Herbstmonaten des Jahres 1918 am Ende ihrer Kräfte waren und eine totale militärische Niederlage erlitten hatten. Tatsächlich war der deutsche Zusammenbruch 1918 in gewisser Weise historisch einzigartig: Er kam für die meisten mit unerwarteter Plötzlichkeit, denn die amtliche Propaganda hatte bis zuletzt Illusionen genährt und Siegeserwartungen verbreitet, und als Deutschland um einen sofortigen Waffenstillstand nachsuchte, standen die deutschen Armeen an der Westfront, wie man zu sagen pflegte, noch «tief in Feindesland» (wobei man wenig beachtete, daß sich die deutschen Truppen seit August 1918 ständig auf dem Rückzug befanden und einen großen Teil des eroberten Terrains bereits verloren hatten, vgl. Karte S. 24 f.).

Unter diesen Umständen konnte die sich rasch verbreitende Formel «Im Felde unbesiegt» – eine Selbsttäuschung und glatte Unwahrheit – ihre unheilvolle Wirkung entfalten. Denn wenn die deutschen Armeen angeblich «im Felde unbesiegt» waren, weshalb wurde dann so abrupt ein Waffenstillstand abgeschlossen, der einer Kapitulation gleichkam? Damit wurde zum Charakteristikum der deutschen Beschäftigung mit «Versailles» die «doppelte Schuldfrage». Während die Siegermächte das Deutsche Reich und seine Verbündeten für den Kriegsausbruch verantwortlich machten und deutscherseits die größten Anstrengungen unternommen wurden, die Kriegsschuld-Behauptung zu widerlegen, kam es unter den Deutschen zu erbitterten Auseinandersetzungen um die Ursachen des deutschen Zusammenbruchs, die «Schuld» an der Niederlage. An die Seite der Kriegsunschuldslegende, wonach die deutsche Kriegsschuld eine Lüge der Siegermächte und Versailles ein unverdientes Strafgericht war, trat die Dolchstoß-Legende. Sie besagte, die «Heimat» – und hier sah man vor allem die politische Linke sowie Pazifisten und Juden am Werk – sei den kämpfenden Truppen in den Rücken gefallen und habe die Weiterführung des Krieges unmöglich gemacht. Oder in anderer Zuspitzung: Die Revolution habe der Front das Rückgrat gebrochen (so die Alldeutschen Blätter schon am 23. November 1918). Dabei konnte doch für jeden Einsichtigen kein Zweifel bestehen, daß es sich genau umgekehrt verhielt: Die Revolution war dem Zusammenbruch gefolgt, und wie es zum deutschen Waffenstillstandsersuchen gekommen war, konnte man schon 1919 genau nachlesen, denn die Reichsregierung hatte in hoher Auflage «Amtliche Urkunden zur Vorgeschichte des Waffenstillstands» veröffentlicht. Aus ihnen ging unwiderleglich hervor, in welcher Panikstimmung die OHL Ende September die sofortige Herausgabe des Waffenstillstandsangebots erzwungen hatte, weil Ludendorff und Hindenburg befürchteten, die zahlenmäßig stark unterlegenen deutschen Truppen seien dem Gegner nicht mehr gewachsen, so daß diesem jeden Augenblick ein «Durchbruch in ganz großem Stile» gelingen könne. Die auf Verlangen der militärischen Führung überstürzt vorgenommene Anrufung Präsident Wilsons war es, die den deutschen Zusammenbruch einleitete.

Insofern entbehrt es nicht der bitteren Ironie, daß es ausgerechnet Hindenburg und Ludendorff waren, die sich in Leugnung ihrer eigenen Verantwortlichkeit zu Apologeten der These vom Dolchstoß gemacht haben. Hindenburg gab der Dolchstoß-Legende – mehr als eine Legende war die Behauptung vom Dolchstoß nie – eine gewissermaßen autoritative Weihe, indem er sie sich in seiner Aussage vor dem Untersuchungsausschuß der Nationalversammlung am 18. November 1919 zu eigen machte: «Nicht die Truppen der Entente haben uns besiegt, sondern Deutschlands ärgster Feind, das eigene Volk in seiner Eigenart, hat den Zusammenbruch herbeigeführt.»

Mit der Dolchstoß-Legende, dem «extremsten und einflußreichsten gegenrevolutionären Verratsmythos» (Wolfgang Schivelbusch) verfügten die politischen Rechtskreise über eine raffinierte Ablenkungsstrategie, mit der sie die Verantwortung für Kriegsniederlage und Friedensschluß von den Trägern des alten Regimes abwälzen konnten auf jene Parteien, die es nach der militärischen Niederlage in verantwortungsvoller Weise auf sich genommen hatten, den vom kaiserlichen Deutschland verlorenen Krieg zu liquidieren.

Dolchstoßlegende und Kriegsunschuldslegende, diese beiden «Zwillingslegenden», wurden zu gefährlichen Waffen gegen die Demokratie in den Händen der Republikgegner, die den «Schmachfrieden» von Versailles mit der Existenz der Weimarer Demokratie identifizierten. Doch die Wirkungsmächtigkeit des durch diese Zwillingslegenden konstituierten Geschichtsbil-

des reichte über die im engeren Sinne konservativen und nationalistischen Kreise hinaus, tief in die Gesellschaft hinein. Daher
urteilt Gottfried Niedhart bei aller Zuspitzung durchaus zutreffend, wenn er konstatiert: «Der Kampf gegen die sogenannte
Kriegsschuldlüge und die Umdeutung der Niederlage als Dolchstoß der ‹Novemberverbrecher› verbanden sich zur zentralen
Lebenslüge der deutschen Gesellschaft nach dem Ersten Weltkrieg ... Der Sturz von der Hybris weltpolitischen Größen-
wahns in die Niederlage wurde als so tief empfunden, daß die
Ergebnisse der Geschichte nicht angenommen werden konnten.» Ob sie wirklich nicht angenommen werden konnten, mag
dahinstehen. Aber Tatsache ist, daß sie von der Mehrzahl der
Deutschen nicht angenommen worden sind.

«Versailles» und die Deutschen: Welche Belastungen der Versailler Vertrag den Deutschen auferlegte, wie tief einzelne Vertragsbestimmungen in die Lebenswirklichkeit unzähliger Menschen eingriffen, ist ausführlich zur Sprache gekommen. Dabei
ist deutlich geworden: Es gab für die Deutschen mannigfache
Gründe für Erbitterung und Bitterkeit hinsichtlich dieses Friedensschlusses. Und trotzdem muß die Frage erlaubt sein, ob die
Mehrheit der Deutschen politische Klugheit an den Tag legte,
wenn sie in der Nachkriegszeit in einem starren Anti-Versailles-
Furor verharrte, statt bei der Beurteilung des Friedensvertrags
auch abwägenden Überlegungen Raum zu geben. In der ganzen
Diskussion um Versailles ist in den Jahren der Weimarer Republik zweierlei viel zu wenig von viel zu wenigen erkannt worden.

Erstens: Es hätte für Deutschland noch wesentlich schlimmer
kommen können. Der Versailler Vertrag besaß stärker als man
in Deutschland wahrhaben wollte, einen Kompromißcharakter.
Gewiß war er nicht jener milde «Wilson-Frieden», den man in
Deutschland erträumte (und den Wilson selbst in dieser Form
gar nicht beabsichtigte), aber er war auch kein «karthagischer»
Friede, wie ihn einflußreiche Politiker und große Teile der
öffentlichen Meinung in den Siegerstaaten forderten. Trotz der
drakonischen Bestimmungen kamen die Deutschen glimpflicher
davon, als es während der Beratungen auf der Pariser Friedenskonferenz zeitweilig im Bereich der Möglichkeiten gelegen hat-

te. Die aus einem extremen Sicherheitsbedürfnis resultierenden französischen Forderungen fanden infolge des hartnäckigen Widerstands von Wilson und Lloyd George nur zum Teil Berücksichtigung: keine Rheingrenze, sondern nur permanente Entmilitarisierung des Rheinlands und zeitlich begrenzte Besetzung des linksrheinischen Deutschland; keine Annexion des Saargebiets, sondern nur fünfzehnjährige Nutzung und Zuordnung; keine Abtretung ganz Oberschlesiens an Polen, sondern Volksabstimmung (durch die, wie sich zeigen sollte, ein großer Teil Oberschlesiens deutsch blieb). Und vor allem: Die staatliche Einheit Deutschlands blieb erhalten.

Zweitens: Trotz des Versailler Vertrags behauptete das Deutsche Reich den Status einer – zumindest potentiellen – europäischen Großmacht; es hatte «seine Stärke im Kern gewahrt» (Klaus Hildebrand). Mehr noch: Deutschland besaß auf längere Sicht die Möglichkeit, wieder einen aktiven Part in der europäischen Politik zu spielen, sogar mit größerer außenpolitischer Bewegungsfreiheit als vor 1914, denn Rußland war aus Mitteleuropa abgedrängt und für lange Zeit mit seinen innenpolitischen Problemen beschäftigt, Südosteuropa aber konnte, bei behutsam-stetiger Politik, mit der Zeit zur wirtschaftlichen und politischen Einflußsphäre des Deutschen Reiches werden. Der Versailler Vertrag eröffnete somit, ungeachtet der dem Deutschen Reich auferlegten Belastungen, auch Möglichkeiten, verbesserte gar dessen strategische Position – mit einer Formulierung Henry A. Kissingers: «Die Sieger wollten Deutschland physisch schwächen; statt dessen hatten sie es geopolitisch gestärkt. Was die Beherrschung Europas anging, befand sich das Land nach Versailles in einer weitaus besseren Lage als vor dem Krieg. Sobald es die Fesseln der Entwaffnungsbestimmungen abgeworfen haben würde – und das war nur eine Frage der Zeit –, mußte es in der europäischen Politik eine stärkere Rolle denn je zuvor spielen.» Damit solche Perspektiven heranreifen konnten, bedurften die Deutschen der Tugend der Besiegten: Geduld. Und eben daran ließen sie es fehlen.

Dies wird deutlich, wenn wir einen weiteren Aspekt beleuchten. Vom Moment der Vertragsunterzeichnung an stand das

Ziel der deutschen Außenpolitik, ja deutscher Politik schlechthin, eindeutig fest: Revision des Friedensvertrags. Daß ein besiegtes Land eine Revision des Friedens erstrebt, ist weder etwas
Verwerfliches noch etwas Ungewöhnliches, eher eine Selbstver-
ständlichkeit. So verfuhr die französische Politik nach 1815 und
erst recht nach 1871, die russische nach 1856. Es kann daher
nicht verwundern, daß sich von 1919 an alle relevanten politischen und gesellschaftlichen Kräfte in Deutschland einig waren
im Willen zur Revision. Über Prioritäten und Methoden der
deutschen Revisionspolitik bestanden jedoch tiefgreifende, zu
erbittertem Konflikt eskalierende Meinungsverschiedenheiten.
Während die offizielle Außenpolitik vorsichtig vorgehen mußte
und sich bis 1923/24 der französischen Versuche zu erwehren
hatte, den Versailler Vertrag zugunsten der französischen Ambitionen zu revidieren, erging sich die politische Rechte in reali-
tätsfremdem Verbalradikalismus gegen den «Schmachfrieden»,
wobei ihre Agitation auch darauf abzielte, die parlamentarische
Demokratie von Weimar zu destabilisieren und zu delegitimie-
ren. Hingegen mußte bei objektiver Betrachtung anerkannt
werden, daß die deutsche Außenpolitik, vor allem in der Ära
Stresemann, auf dem Weg der Revision durchaus Erfolge verbuchen konnte, wenn auch viele meinten, es gehe zu langsam
und die positiven Erfolge seien zu dürftig.

Deshalb muß nachdrücklich betont werden, daß sich bis
Ende 1932 zahlreiche drückende Bestimmungen des Versailler
Vertrags bereits erledigt hatten. Die Strafbestimmungen, deret-
wegen die Vertragsunterzeichnung beinahe gescheitert wäre,
waren schon seit 1920 obsolet. Die niederländische Regierung
verweigerte die Auslieferung von Exkaiser Wilhelm II., und die
Siegermächte nahmen dies hin. Auch die Auslieferung deutscher
«Kriegsverbrecher» fand nicht statt: Nach längerem Tauziehen
akzeptierten die Siegermächte 1920 den deutschen Vorschlag,
daß die Verfahren gegen Beschuldigte in Deutschland vom
Reichsgericht durchgeführt würden; bei den «Leipziger Prozes-
sen» in den Jahren 1921 bis 1927 ergingen lediglich zehn Urteile (sechs Freisprüche und vier Straferkenntnisse, alle übrigen
Verfahren wurden eingestellt). Im Juni 1930 waren die letzten

französischen Truppen aus der Mainzer Zone abgezogen; damit
gab es im ganzen linksrheinischen Deutschland keine fremde
Besatzung mehr. Auch das Kapitel Reparationen konnte als abgeschlossen gelten, nachdem die Konferenz von Lausanne im
Juni/Juli 1932 einen Schlußstrich unter die Reparationszahlungen gezogen hatte. Die Interalliierte Militär-Kontrollkommission, die die deutsche Abrüstung überwachte, hatte Deutschland 1927 verlassen. Im Dezember 1932 wurde dem Deutschen
Reich die militärische Gleichberechtigung eingeräumt, was bedeutete, daß beim Nichtzustandekommen einer allgemeinen
Abrüstung Deutschland berechtigt war, sich über die militärischen Bestimmungen des Versailler Vertrags hinwegzusetzen.
Seit 1926 war Deutschland Mitglied des Völkerbunds (mit stän-
digem Sitz im Völkerbundsrat) und konnte in diesem Gremium
für die Interessen der deutschen Minderheiten (etwa in Polen)
eintreten. Die Rückkehr des Saargebiets zum Reich stand bei
der Volksabstimmung im Januar 1935 mit Sicherheit zu erwarten. Wenn auch die im Friedensvertrag festgelegten deutschen
Grenzen fortbestanden, so war es doch nicht wenig, was bis
1932 in zähen Verhandlungen erreicht worden war, in einer
Zeitspanne von nicht viel mehr als einem Jahrzehnt. Aber das
Erreichte wurde in Deutschland von großen Teilen der Öffentlichkeit nicht angemessen gewürdigt. Die Fixierung auf das
Trauma «Versailles» verstellte den Blick.

Schließlich ist noch mit einigen Bemerkungen auf die Frage
einzugehen, in welchem Maße der «Versailles-Komplex» zum
Aufstieg des Nationalsozialismus und zur «Machtergreifung»
Hitlers beigetragen hat, eine Frage, die nach 1933 von Deutschen in der Emigration aufgeworfen wurde und die nach 1945
in Westdeutschland in der Diskussion um Versailles eine gewisse Rolle spielte, teilweise sogar noch heute spielt, insbesondere in konservativen Kreisen. Daß der Versailler Vertrag einen
erstrangigen Belastungsfaktor für die Weimarer Republik darstellte, ist unbestreitbar, und ebenso unbestreitbar ist, daß die
hemmungslose Agitation der politischen Rechten gegen den
«Schmachfrieden» zur Schwächung der ersten deutschen Demokratie beigetragen hat. Das von Deutschnationalen und Na-

tionalsozialisten zusammengerührte propagandistische Gebräu aus Dolchstoß, Kriegsunschuldslegende und «Diktat von Versailles» blieb zweifellos nicht ohne Eindruck auf einen Teil der Bevölkerung. Aber auch im Nachhinein läßt sich nicht exakt bestimmen, welchen Anteil «Versailles» – in seiner doppelten Gestalt: als reale Belastung und als «psychologische, propagandafähige Potenz» (Karl Dietrich Bracher) – an der Ermöglichung der Hitler-Diktatur hatte. Bei der Erforschung der Endphase von Weimar ist nämlich ein so weitverzweigtes Ursachengeflecht des Niedergangs der Republik aufgedeckt worden, daß es nicht mehr möglich ist, das Scheitern der Weimarer Demokratie primär auf den Faktor «Versailles» zurückzuführen. Eine Kausalkette Versailler Vertrag – Hitler gab es nicht.

Noch immer begegnet man der Vorstellung, erst die Hitler-Regierung, ein Koalitionskabinett aus Nationalsozialisten und Deutschnationalen, habe mit dem Versailler Vertrag Schluß gemacht. Wie unzutreffend diese Vorstellung ist, wie viel bei der Revision des Friedensvertrags bis 1932 auf dem Verhandlungswege bereits erreicht worden war, wurde eben schon angemerkt. Aber nach 1933 änderte sich die Methode deutscher Revisionspolitik in signifikanter Weise: Das Deutsche Reich verließ den Verhandlungsweg und kündigte einseitig Vertragsbestimmungen auf, was die inzwischen geschwächten Siegermächte Frankreich und Großbritannien hinnahmen. Am 16. März 1935 sagte sich Deutschland – nach dem Scheitern der Abrüstungsverhandlungen – von den Rüstungsbeschränkungen des Versailler Vertrags los und führte wieder die allgemeine Wehrpflicht ein. Am 7. März 1936 rückten deutsche Truppen – unter Bruch des Versailler Vertrags und des Locarno-Vertrags – in das entmilitarisierte Rheinland ein. Am 14. November dieses Jahres kündigte das Reich die Versailler Bestimmungen über die deutschen Wasserstraßen. Am 12. März 1938 erfolgte der Einmarsch deutscher Truppen in Österreich. Doch Hitlers Ziele gingen weit über eine Revision des Versailler Vertrags hinaus. Von 1933 an bereitete er – hinter dem Schleier immer wieder wortreich bekundeten Friedenswillens – planmäßig den großen Eroberungs- und Raumkrieg vor. 1938 begann die Zerschlagung der Tschechoslowakei,

und mit dem Angriff auf Polen am 1. September 1939 entfesselte
Hitler den Krieg, der sich zum Zweiten Weltkrieg entwickelte.
Die Ergebnisse sind bekannt.

Es waren nicht zuletzt die umstürzenden Erfahrungen des
Zweiten Weltkriegs und seines Ausgangs, die den Weg zu einer
weniger emotionsgeladenen Bewertung des Friedensschlusses
von 1919 und einer milderen Beurteilung der «Friedensmacher» freimachten. In diese Richtung wirkten zudem die Ergebnisse der intensiven internationalen Forschung, die sich auf
wichtige inzwischen zugängliche Quellen stützen konnte. Auch
für die Deutschen nahm sich der Versailler Vertrag vor dem
Hintergrund der Situation von 1945 nunmehr relativ «gemäßigt» aus, hatte er doch das Deutsche Reich als nationalen Ein-
heitsstaat weiterbestehen lassen und sich – entgegen den Unken-
rufen der Unterzeichnungsgegner – nicht als «finis Germaniae»
entpuppt. Die Preisgabe der geistigen Positionen der zwanziger
Jahre vollzog sich in Deutschland allerdings mehr oder weniger
stillschweigend, ohne daß es erneut zu heftigen Kontroversen
kam oder daß großangelegte Forschungsarbeiten das Thema in
den Mittelpunkt des Interesses rückten. Charakteristisch für die
eher beiläufig akzentuierte Revision der früheren drastischen
Beurteilung von «Versailles» ist eine Äußerung des konservativen Historikers Gerhard Ritter. Er, der 1919 ein entschiedener
Gegner der Unterzeichnung war, durch die er Deutschland zu
einer «brutal ausgebeuteten Kolonie» herabgestuft sah, schrieb
im Jahr 1951: «Für eine kluge, besonnene und geduldige deutsche Politik, die für unseren Staat nichts anderes erstrebte, als
ihn zur friedenssichernden Mitte Europas zu machen, eröffneten sich – auf lange Sicht gesehen – die besten Chancen. Daß wir
sie verfehlt haben und in maßloser Ungeduld, in blindem Haß
gegen das sogenannte Versailler System uns einem gewalttätigen
Abenteurer in die Arme stürzten, ist das größte Unglück und
der verhängnisvollste Fehltritt unserer neueren Geschichte.»
Zwar wurde dieses Urteil an entlegener Stelle veröffentlicht,
aber da diese Sätze mehrfach in anderen Publikationen zustimmend zitiert wurden und Gerhard Ritter großes Ansehen genoß,
bestimmten sie stärker die neue Sicht auf Versailles als gelegent-

liche Zwischenrufe, die noch den Geist der Zwischenkriegszeit atmeten, wie etwa Formulierungen Golo Manns. Dieser sprach in seiner 1958 publizierten «Deutschen Geschichte des 19. und 20. Jahrhunderts» von «selbstgerechten, gierigen, kurzsichtigen Tricks» der Friedensmacher und brachte viel Verständnis dafür auf, daß den Deutschen der Versailler Vertrag als ein «ungeheures Instrument zur Unterdrückung, Ausräuberung und dauernden Beleidigung Deutschlands erschien».

Als entscheidendes Faktum aber wird man verbuchen dürfen, daß «Versailles» für die große Mehrheit der Deutschen jetzt weitgehend uninteressant geworden war. Da der Versailler Vertrag kein Thema aktuellen politischen Interesses mehr darstellte, ließ er sich auch nicht mehr als propagandistisch wirkungsvolles Argument einsetzen. Das mußte die CDU 1967 in der Auseinandersetzung um den Beitritt der Bundesrepublik zum Atomwaffensperrvertrag erfahren, als Franz Josef Strauß den Beitritt als «ein neues Versailles, und zwar eines von kosmischen Ausmaßen» beschwor – eine Anklage, die völlig wirkungslos verpuffte. Dies konnte kaum verwundern, denn vielen Deutschen sagte der Begriff «Versailles» nichts mehr. Bei einer Umfrage des Allensbacher Instituts für Demoskopie im November 1970 wußten 39% der Befragten nichts Näheres über den Versailler Vertrag, hatten falsche oder keine konkreten Vorstellungen, 20% hatten gar noch nie vom Versailler Vertrag gehört; nur etwa ein Drittel konnte den Zeipunkt ungefähr richtig angeben und richtige Angaben über die beteiligten Staaten machen. Dabei wichen die Prozentsätze bei der Aufschlüsselung hinsichtlich Geschlecht, Altersgruppe und politischer Orientierung nicht in extremer Weise voneinander ab – die mangelhafte Kenntnis bestand gleichsam «flächendeckend». Diese Tatsache ist einerseits erstaunlich, weil sich ein Jahr zuvor die Pariser Friedenskonferenz zum fünfzigsten Mal gejährt hatte, sie ist andererseits wiederum nicht so sehr erstaunlich, denn dieses «Jubiläum» war von den Medien nicht zum Anlaß eingehender Retrospektiven genommen worden, sondern nahezu unbemerkt vorübergegangen. Zu den wenigen Presseorganen, die ausführlicher auf den Versailler Vertrag zu sprechen kamen, gehörte die

Intellektuellen-Zeitschrift «Der Monat». Die Redaktion hatte einen Historiker sowie mehrere jüngere und ältere Zeitgenossen um Stellungnahmen gebeten, und deren Beiträge zeigten einmal mehr, wie fern «Versailles» inzwischen gerückt war. Mehr nämlich als Einzelheiten des – überwiegend maßvoll beurteilten – Friedensvertrags standen bei den Verfassern die damals aktuellen politischen Probleme wie Ostpolitik und Oder-Neiße-Grenze im Vordergrund des Interesses. Der Publizist Herbert Lüthy erklärte trocken: «Es ist schwer, für einen Friedensvertrag, der so schnell und völlig versagt hat, nachträglich ein gutes Wort zu finden, und es liegt auch nicht mehr viel daran. Sogar die Diskussion darüber, wie gerecht oder ungerecht dieser Vertrag war …, sogar diese Diskussion lockte keinen Hund mehr vom Ofen. Schließlich hat die Welt seither ganz andere Dinge gesehen.» Schon im Jahre 1969 wurde überdeutlich, und daran hat sich inzwischen nichts geändert: Beim Versailler Vertrag handelt es sich um vergangene Geschichte, die die übergroße Mehrheit der Deutschen nicht mehr innerlich bewegt.

Daher ist es nunmehr möglich, den Friedensschluß nach dem Ersten Weltkrieg gelassener zu betrachten als in den Zwischenkriegsjahren, in denen nationalistische Leidenschaften die öffentliche Meinung der am Krieg beteiligten Länder beherrschten und zumal bei der Mehrheit der Deutschen eine produktive Auseinandersetzung mit den durch Krieg und Niederlage geschaffenen Realitäten unterblieben ist. Dies ist jetzt Vergangenheit, und somit bestehen heute günstige Voraussetzungen für eine nüchterne, kritische Bestandsaufnahme aus historischer Sicht, wie das in den vorausgehenden Kapiteln versucht worden ist.

Abkürzungsverzeichnis

DDP	Deutsche Demokratische Partei
DNVP	Deutschnationale Volkspartei
DVP	Deutsche Volkspartei
NSDAP	Nationalsozialistische Deutsche Arbeiterpartei
OHL	Oberste Heeresleitung
SPD	Sozialdemokratische Partei Deutschlands (1918/19 auch MSP = Mehrheitssozialdemokratie)
USP, USPD	Unabhängige Sozialdemokratische Partei Deutschlands

Zeittafel

1918

21.3.	Beginn der deutschen Frühjahrsoffensive an der Westfront («Michael»)
5.4.	Abbruch der «Michael»-Offensive; auch weitere deutsche Offensivstöße ohne durchschlagenden Erfolg
18.7.	Beginn der alliierten Gegenoffensive im Westen, seit August Zurückweichen der deutschen Armeen
14.9.	Friedensnote Österreich-Ungarns
15.9.	Durchbruch der alliierten Saloniki-Armee in Makedonien; Bulgarien am Ende
22.9.	Zusammenbruch der türkisch-deutschen Front im nördlichen Palästina
29.9.	Ludendorff fordert sofortigen Waffenstillstand und Friedensangebot, in Verbindung damit Parlamentarisierung der Reichsregierung
30.9.	Waffenstillstand zwischen Bulgarien und den Alliierten
1.10.	Eroberung von Damaskus durch britische und arabische Streitkräfte
3.10.	Kabinett Prinz Max von Baden auf parlamentarischer Grundlage; Note an Präsident Wilson: Friedensangebot und Ersuchen um sofortigen Waffenstillstand
24.10.	Italienische Offensive bei Vittoria Veneto; Zusammenbruch der österreichischen Front
26.10.	Entlassung Ludendorffs; sein Nachfolger als Erster Generalquartiermeister: General Groener
28.10.	Beginn der Gehorsamsverweigerungen bei der deutschen Hochseeflotte vor Wilhelmshaven gegen Auslaufen zur «Todesfahrt»
29.10.–4.11.	Interalliierte Beratungen in Paris über Waffenstillstandsbedingungen für Deutschland und Wilsons «Vierzehn Punkte» als Friedensgrundlage
30.10.	Waffenstillstand zwischen der Türkei und den Alliierten
3.11.	Waffenstillstand zwischen Österreich-Ungarn und den Alliierten: Weg frei für alliierte Armeen durch Tirol und Böhmen; Matrosenrevolte in Kiel: Beginn der revolutionären Unruhen in Deutschland
6.11.	«Lansing-Note» ermöglicht Aufnahme von Waffenstillstandsverhandlungen; Ernennung Erzbergers zum

Vorsitzenden der deutschen Waffenstillstandskommission

8.–11.11.   Waffenstillstandsverhandlungen im Wald von Compiègne

9.11.   Revolutionsbewegung erreicht Berlin: Max von Baden veröffentlicht Thronverzicht Wilhelms II. und übergibt Kanzleramt an Ebert (SPD); Ausrufung der Republik durch Scheidemann (SPD)

10.11.   Neue Reichsregierung: «Rat der Volksbeauftragten» (SPD/USPD); Flucht Wilhelms II. von Spa in die Niederlande

11.11.   Abschluß des Waffenstillstandsvertrags zwischen dem Deutschen Reich und den Alliierten und Assoziierten Mächten im Wald von Compiègne (Dauer des Waffenstillstands: 36 Tage; Waffenstillstand verlängert am 13.12.1918, 16.1. und 16.2.1919)

4.12.   Abreise Präsident Wilsons nach Europa (Ankunft in Paris 14.12.)

1919

18.1.   Eröffnung der Pariser Friedenskonferenz mit 70 Delegierten der 27 Siegerstaaten unter Vorsitz des französischen Ministerpräsidenten Clemenceau, ohne Vertreter der besiegten Mächte

14.2.   Vorlage des Entwurfs der Völkerbundssatzung in der 3. Vollsitzung der Friedenskonferenz; Abreise Wilsons in die USA (Rückkehr Wilsons nach Paris am 14.3.)

24.3.   Erste Sitzung des «Rates der Vier» (Wilson, Clemenceau, Lloyd George, Orlando), der bis zum 20.6. 148 Sitzungen abhält, in denen alle wesentlichen Fragen entschieden werden

28.4.   Annahme der Völkerbundssatzung durch die Vollversammlung der Friedenskonferenz

29.4.   Ankunft der deutschen Friedensdelegation in Versailles

5.5.   Geheime Vollsitzung der Friedenskonferenz: Entwurf der Friedensbedingungen für Deutschland endgültig genehmigt

7.5.   Übergabe der Friedensbedingungen an die deutsche Delegation, der mündliche Verhandlungen verweigert werden (Austausch schriftlicher Noten, wobei nur wenige Änderungen erreicht werden)

12.5.   Kundgebung der Nationalversammlung in der Aula der Berliner Universität: Friedensbedingungen unannehmbar

29.5.   Überreichung der deutschen Gegenvorschläge (Mantelnote und Denkschrift)

16.6.   Übergabe der Antwort der Alliierten auf die deutschen Gegenvorschläge; Annahme der Friedensbedingungen binnen fünf Tagen ultimativ gefordert

20.6.	Rücktritt der Kabinetts Scheidemann; Kabinett Bauer (SPD/Zentrum)
21.6.	Selbstversenkung der in der Bucht von Scapa Flow internierten deutschen Hochseeflotte
22.6.	Bedingte Annahme des Friedensvertrages durch die Nationalversammlung mit 237 : 138 Stimmen; Zurückweisung der deutschen Vorbehalte durch die Siegermächte und ultimative Forderung nach bedingungsloser Annahme
23.6.	Billigung der bedingungslosen Unterzeichnung des Friedensvertrages durch die Nationalversammlung
28.6.	Unterzeichnung des Friedensvertrages, des Protokolls und der Vereinbarung über die Rheinlande
9.7.	Ratifizierung des Friedensvertrages durch die Nationalversammlung mit 209 : 116 Stimmen
12.7.	Aufhebung der gegen Deutschland verhängten Blockade
10.9.	Unterzeichnung des Friedensvertrags mit Österreich in St. Germain-en-Laye
27.11.	Unterzeichnung des Friedensvertrags mit Bulgarien in Neuilly

1920

10.1.	Inkrafttreten des Versailler Vertrags
4.6.	Unterzeichnung des Friedensvertrags mit Ungarn in Trianon
10.8.	Unterzeichnung des Friedensvertrags mit der Türkei in Sèvres

Literaturverzeichnis

Die Literatur zur Pariser Friedenskonferenz und zu den «Vorortverträgen» – insbesondere zum Versailler Vertrag – ist uferlos; dabei machen deutschsprachige Titel den kleineren Teil aus. Die bis Ende der 1960er Jahre erschienenen Arbeiten sind verzeichnet in der Spezialbibliographie von Max Gunzenhäuser, Die Pariser Friedenskonferenz 1919 und die Friedensverträge 1919–1920, Frankfurt 1970. Für die wichtigsten seitdem veröffentlichten einschlägigen Arbeiten siehe die vorzügliche Bibliographie in dem unter II.a) aufgeführten Werk von Boemeke/Feldman/Glaser (dort findet man übrigens auch die beste Präsentation des gegenwärtigen internationalen Forschungsstandes).

Im folgenden kann nur eine bescheidene Titelauswahl geboten werden. Neben einigen Quellenwerken sind vor allem deutschsprachige Arbeiten berücksichtigt; Studien in fremden Sprachen werden aufgeführt, wenn zu den betreffenden Komplexen keine deutschsprachigen Untersuchungen vorliegen.

I. Quellen

a) Dokumente

Amtliche Urkunden zur Vorgeschichte des Waffenstillstandes 1918, Berlin 1919, 4. Aufl. 1928 [enthält die Dokumente zum Zustandekommen von Waffenstillstandsersuchen und Waffenstillstand]

Mantoux, Paul (Hrsg.): Les Déliberations du Conseil des Quatre (24 mars–28 juin 1919), 2 Bde, Paris 1955 [spannend zu lesende Protokolle des «Rates der Vier», niedergeschrieben vom offiziellen Dolmetscher Paul Mantoux]

Papers relating to the Foreign Relations of the United States, Supplement: The Paris Peace Conference 1919, 13 Bde, Washington D.C. 1942 ff. [umfängliche Edition der amerikanischen Konferenzpapiere]

Schwabe, Klaus (Hrsg.): Quellen zum Friedensschluß von Versailles, Darmstadt 1997 [beste derzeit existierende Quellensammlung zu den Verhandlungen, aus denen der Versailler Vertrag hervorging, mit sehr guter Einleitung]

Ursachen und Folgen vom deutschen Zusammenbruch 1918 und 1945 bis zur staatlichen Neuordnung Deutschlands in der Gegenwart, Berlin o. J., Bd. 3 [S. 328–419 wichtige Dokumente zur Auseinandersetzung um den Friedensvertrag; S. 388 ff. Auszüge aus dem Friedensvertrag]

Der Vertrag von Versailles, München 1978 [enthält S. 118–375 den Text des Friedensvertrags]

b) Memoiren (in Auswahl)

Erzberger, Matthias: Erlebnisse im Weltkrieg, Berlin 1920 [ab S. 313 über Zusammenbruch, Waffenstillstand und Kampf um die Vertragsunterzeichnung]

Keynes, John M.: Die wirtschaftlichen Folgen des Friedensvertrages, München/Leipzig 1920 [die scharfe Abrechnung des britischen Delegationsmitglieds mit der Reparationsregelung erregte bei ihrem Erscheinen großes internationales Aufsehen und wurde vor allem in Deutschland begeistert aufgenommen]

Lansing, Robert: Die Versailler Friedensverhandlungen, Berlin 1921 [Bericht des amerikanischen Außenministers mit Kritik an Wilsons Vorgehensweise]

Nicolson, Harold: Friedensmacher 1919, Berlin 1933 [entschiedene Kritik des britischen Diplomaten und Konferenzteilnehmers an den «Friedensmachern», insbesondere an Wilson]

Schiff, Viktor: So war es in Versailles, Berlin 1929 [der sozialdemokratische Journalist reiste mit der deutschen Friedensdelegation nach Versailles; S. 135–143 der Bericht von Außenminister Hermann Müller über die Unterzeichnungszeremonie]

II. Literatur

a) Überblicksdarstellungen und Allgemeines

Baumgart, Winfried: Vom Europäischen Konzert zum Völkerbund, Darmstadt ²1987

Boemeke, Manfred F./Feldman, Gerald D./Glaser, Elisabeth (Hrsg.): The Treaty of Versailles: A Reassessement After Seventy Five Years, Cambridge 1998

Bosl, Karl (Hrsg.): Versailles – St. Germain – Trianon, München/Wien 1971

Duppler, Jörg/Groß, Gerhard P. (Hrsg.): Kriegsende 1918. Ereignis, Wirkung, Nachwirkung, München 1999

Hentig, Hans von: Der Friedensschluß. Geist und Technik einer verlorenen Kunst, Stuttgart 1952

Krumeich, Gerd (Hrsg.): Versailles 1919. Ziele – Wirkung – Wahrnehmung, Essen 2001

Macmillan, Margaret: Peacemakers. The Paris Peace Conference of 1919 and its Attempt to End War, London 2001

Renouvin, Pierre: Le traité des Versailles, Paris 1969

Schulz, Gerhard: Revolutionen und Friedensschlüsse 1917–1920, München 1967

Sharp, Allan: The Versailles Settlement. Peacemaking in Paris, 1919, London [2] 1994

Viefhaus, Erwin: Die Minderheitenfrage und die Entstehung der Minderheitenschutzverträge auf der Pariser Friedenskonferenz 1919, Würzburg 1960

b) Ziele und Strategien der Siegermächte

Bariéty, Jacques: Les relations franco-allemandes après la première guerre mondiale, 10 novembre 1918–10 janvier 1925, Paris 1977

Becker, Jean-Jacques: Clemenceau, Paris 1998

Goldstein, Erik: Winning the Peace. British Diplomatic Strategy, Peace Planning, and the Paris Peace Conference 1916–1920, Oxford 1991

Marks, Sally: Innocent Abroad. Belgium and the Paris Peace Conference of 1919, Chapel Hill 1981

Mayer, Arno J.: Politics and Diplomacy of Peacemaking. Containment and Counter-Revolution at Versailles 1918–1919, London 1967

Miquel, Pierre: La paix de Versailles et l'opinion publique française, Paris 1972

Nelson, Harold J.: Land and Power. British and Allied Policy on Germany's Frontiers 1916–1919, London/Toronto [2] 1971

Newton, Douglas: British Policy and the Weimar Republic, 1918–1919, Oxford 1997

Renouvin, Pierre: L'armistice de Rethondes, 11 novembre 1918, Paris 1968

Schwabe, Klaus: Deutsche Revolution und Wilson-Frieden. Die amerikanische und deutsche Friedensstrategie zwischen Ideologie und Machtpolitik 1918/19, Düsseldorf 1971 (überarbeitete Ausgabe: Woodrow Wilson, Revolutionary Germany, and Peacemaking 1918–1919: Missionary Diplomacy and the Realities of Power, Chapel Hill 1985)

Soutou, Georges-Henry: L'or et le sang: Les buts de guerre économiques de la Première Guerre mondiale, Paris 1989

Stevenson, David: French War Aims against Germany 1914–1919, Oxford 1982

Walworth, Arthur C.: Wilson and his Peacemakers. American Diplomacy at the Paris Peace Conference, 1919, New York/London 1986

c) Deutsche Friedensstrategie

Dickmann, Fritz: Die Kriegsschuldfrage auf der Friedenskonferenz von Paris 1919, München 1964

Grupp, Peter: Deutsche Außenpolitik im Schatten von Versailles 1918–1920, Paderborn 1988

Haupts, Leo: Deutsche Friedenspolitik 1918–1919, Düsseldorf 1976

Ders.: Graf Brockdorff-Rantzau, Göttingen/Zürich 1984

Krüger, Peter: Deutschland und die Reparationen 1918/19, Stuttgart 1973

Scheidemann, Christiane: Ulrich Graf Brockdorff-Rantzau (1869–1928), Frankfurt/M. 1998

d) Einzelne Staaten

Burgwyn, H. James: The Legend of the Mutilated Victory. Italy, the Great War, and the Paris Peace Conference, 1915–1919, Westport, Conn. 1993
Helmreich, Paul C.: From Paris to Sèvres. The Partition of the Ottoman Empire at the Paris Peace Conference of 1919–1920, Columbus, Ohio 1974
Lundgreen-Nielsen, Kay: The Polish Problem at the Paris Peace Conference, Odense 1979
Živojinović, Dragoljub, R.: America, Italy, and the Birth of Yugolslavia (1917–1919), Boulder, Colo. 1972

e) Durchführung des Friedensvertrags und deutsches Versailles-Trauma

Barth, Boris: Dolchstoßlegenden und politische Desintegration. Das Trauma der deutschen Niederlage im Ersten Weltkrieg 1914–1933, Düsseldorf 2003
Dülffer, Jost/Krumeich, Gerd(Hrsg.): Der verlorene Frieden. Politik und Kriegskultur nach 1918, Essen 2002
Hankel, Gerd: Die Leipziger Prozesse. Deutsche Kriegsverbrechen und ihre strafrechtliche Verfolgung nach dem Ersten Weltkrieg, Hamburg 2003
Heinemann, Ulrich: Die verdrängte Niederlage. Politische Öffentlichkeit und Kriegsschuldfrage in der Weimarer Republik, Göttingen 1983
Hillgruber, Andreas: Unter dem Schatten von Versailles – die außenpolitische Belastung der Weimarer Republik: Realität und Perzeption bei den Deutschen, in: K. D. Erdmann/H. Schulze (Hrsg.): Weimar. Die Selbstpreisgabe einer Demokratie, Düsseldorf 1980, S. 51–67
Kent, Bruce: The Spoils of War. The Politics, Economics, and Diplomacy of Reparations 1918–1932, Oxford 1989
Salewski, Michael: Das Weimarer Revisionssyndrom, in: Aus Politik und Zeitgeschichte B 2/80 vom 12.1.1980
Schivelbusch, Wolfgang: Die Kultur der Niederlage. Der amerikanische Süden 1865, Frankreich 1871, Deutschland 1918, Berlin 2001
Schwengler, Walter: Völkerrecht, Versailler Vertrag und Auslieferungsfrage. Die Strafverfolgung wegen Kriegsverbrechen als Problem des Friedensschlusses 1919/20, Stuttgart 1982

Register